주님께서 사랑하시는

_____님께

참된 소망과 행복이

늘 함께하시기를 바라며

이 소중한 책을 드립니다.

From. _____

사랑하는 자여 네 영혼이 잘됨같이 네가
범사에 잘되고 강건하기를 내가 간구하노
라 요한3서 | 1:2

사랑하는 우리 아기를 위한 선포기도문

초판 1쇄 발행 | 2016. 4. 20
초판 1쇄 인쇄 | 2016. 4. 20
지은이 | 홍순성 목사 • 박화춘 사모
펴낸 이 | 정신일
펴낸 곳 | 크리스천리더
편 집 | 성주희
교 정 | 이주련
일부 총판 | 생명의 말씀사 (02) 3159-7979
등 록 | 제 2-2727호(1999. 9. 30)
주 소 | 부천시 원미구 중동 1289번지 팰리스카운티 아이파크상가 5층
전 화 | (032) 342-1979
팩 스 | (032) 343-3567
도서 출간 상담 | E-mail:chmbit@hanmail.net
Homepage | cjesus.co.kr/juwana.co.kr

ISBN : 978-89-6594-183-5 04230
ISBN : 978-89-6594-107-1 (세트)

정가 : 6,500원

저자와의 협약 아래 인지는 생략되었습니다.
이 출판물은 저작권법에 의해 보호받는 창작물이므로, 무단 복제와 무단전재를 할 수 없습니다.

■ 잘못된 책은 구입하신 곳에서 바꿔드립니다.

이 아이를 위하여 내가 기도하였더니 내가 구하여
기도한 바를 여호와께서 내게 허락하신지라(삼상1:27).

사랑하는 우리 아기를 위한
선포기도문

홍순성 목사 • 박화춘 사모

CS 크리스천리더

contents

읽고 생각하기 | 1
아기의 특징과 기도하는 방법 • 8

1일 출산(순산)하게 하여 주심에 감사드립니다 • 10
2일 출산 이후의 몸을 회복시켜 주옵소서 • 13
3일 산후 조리를 잘 할 수 있게 하옵소서 • 16
4일 약해지지 않게 하옵소서 • 19
5일 모유가 잘 나오게 해주옵소서 • 22
6일 산후에 정신이 건강하게 해주세요 • 25
7일 변함없는 기쁨을 주옵소서 • 28

읽고 생각하기 | 2
아기가 걸리기 쉬운 질병 • 31

8일 모든 일에 감사하는 삶이 되게 하옵소서 • 33
9일 기도를 쉬지 않게 하옵소서 • 36
10일 자녀에 대한 주님의 마음을 알게 하옵소서 • 39
11일 잘 먹게 하시고 소화도 잘 되게 하여 주옵소서 • 42
12일 잘 자게 하여 주옵소서 • 45
13일 피부가 건강하게 하옵소서 • 48
14일 질병에서 지켜주옵소서 • 51

읽고 생각하기 | 3

아기의 신체와 두뇌의 발달 과정 • *54*

15일 예방접종을 잘 이겨내게 하옵소서 • *56*
16일 위험에서부터 지켜주옵소서 • *59*
17일 이유식을 잘 섭취하게 하옵소서 • *62*
18일 입술에 아름다운 언어를 배우게 하옵소서 • *65*
19일 부모와의 신뢰가 잘 형성되게 하옵소서 • *68*
20일 믿음의 사람으로 자라게 하옵소서 • *71*
21일 백일을 맞게 해주셔서 감사합니다 • *74*

읽고 생각하기 | 4

아기를 위협하는 위험한 요소들 • *77*

22일 온유한 인격과 아름다운 마음을 갖게 하소서 • *79*
23일 장수하게 하시며 생명을 다하기까지 지켜주옵소서 • *82*
24일 사명을 다하게 해주옵소서 • *85*
25일 신체가 잘 발달하고 조화 있게 자라게 하옵소서 • *88*
26일 신체의 기능적인 분화가 잘 되게 하옵소서 • *91*
27일 지능이 잘 발달하게 하옵소서 • *94*
28일 섬세하고 능력 있는 손이 되게 하옵소서 • *97*

읽고 생각하기 | 5
하나님이 주신 자연식, 모유 • *100*
29일 정도를 걷는 발이 되게 하여 주옵소서 • *102*
30일 순전하고 정직한 마음을 주옵소서 • *105*
31일 빛과 색으로 배우게 하옵소서 • *108*
32일 시력과 청력이 잘 발달하게 하옵소서 • *111*
33일 치아가 건강하게 자라게 해주옵소서 • *114*
34일 배변훈련도 잘 할 수 있게 하옵소서 • *117*
35일 그리스도의 영성으로 자라게 하옵소서 • *120*

읽고 생각하기 | 6
건강한 치아(우식증의 원인과 예방) • *123*
36일 성령님, 아기와 함께하여 주옵소서 • *125*
37일 하늘 문을 여시고 천사들이 왕래하게 하옵소서 • *128*
38일 악한 세력이 넘보지 못하게 보호하옵소서 • *131*
39일 신앙의 모범을 보이게 하옵소서 • *134*
40일 아기 _____(이)를 주님께 맡깁니다 • *137*
사랑하는 자녀를 위한 선포 기도문 • *140*

이 책의 사용법

1. 이 기도문은 부모의 마음을 담아 자녀의 행복과 아름다운 성장을 위한 간구의 기도로 꾸며져 있습니다.

2. 매일 시간을 정해 기도문을 읽고 기도합니다.
   기도문마다 있는 _____칸에는 직접 자녀의 이름을 기록합니다.

3. 믿음으로 기도하며 | 는 기도문의 내용대로 믿음을 가지고 기도합니다.
   사랑으로 선포하기 | 는 직접 아이의 이름을 부르며 기도문을 반복적으로 읽고 강하게 선포합니다.
   기도에 힘이 되는 말씀 의지하기 | 는 믿음으로 기도하고 사랑으로 선포한 후, 3번 이상 반복적으로 읽음으로 말씀의 빈곤함을 채우시기 바랍니다.

4. 사랑하는 자녀를 위한 선포 기도문 | 은 기도를 다 마치고 나면 실제 자녀를 위해 기도문을 작성해 봅시다.

   아이들은 부모의 간절한 기도의 힘으로 성장합니다.

읽고 생각하기 | 1
아기의 특징과 기도하는 방법

갓 태어난 아기를 신생아라고 합니다. 아기가 자라기 시작하여 생후 2주부터 약 24개월까지를 영아기라고 합니다.

이 시기가 되면 아기의 신체 성장이 급속하게 이루어지게 되므로 아기의 모습이 하루가 다르게 변하는 것을 느낄 수 있습니다. 살이 올라서 포동포동해지고 피부도 뽀얗게 변하면서 예쁜 모습을 가지게 됩니다.

이 시기의 아기들은 많은 변화를 겪게 됩니다. 움직임이 점점 커지게 되는데 걸음마를 배우기 위한 전 단계들로 고개를 가누고 목을 젖히며 스스로 몸을 굴려 뒤집기를 합니다. 더 나아가고, 일어서는 과정을 통해서 마지막에는 걷는 과정까지 이르게 됩니다.

그뿐 아니라 이 시기에는 인지적인 능력과 지각적인 능력이 발달하게 되는데 신체의 운동 발달은 인지적인 능력과 지각적인 능력 발달에도 크게 영향을 미칩니다.

영아기에는 엄마에게서 받았던 신체의 면역 기능이 소멸되고 스스로의 힘으로 병을 이겨나가야 합니다. 따라서 이 시기의 아기들은 바이러스에 의한 질병에 많이 노출되기도 합니다.

예방 접종이 발달하기 이전의 아기들은 영아기를 넘기지 못하고 질병으로 사망하는 경우가 많았습니다. 옛날과 같지는 않지만 오늘날에도 영아의 사망률이 높은 것을 감안할 때 영아기의 아기의 건강을 위한 기도가 중요합니다.

생명을 주신 하나님께서 또한 생명을 키우십니다.

어린 자녀를 위한 기도를 쉬지 말아야 합니다. 기도는 역사하는 힘이 큽니다(약 5:16). 하나님의 보좌를 움직입니다. 기도는 천사들의 손에 받들어져서 향연과 같이 하나님 앞에 상달됩니다(계 8:4). 믿음으로 구하고 조금도 의심하지 않아야 합니다. 의심하면서 하는 기도는 응답되지 못합니다(약 1:6). 끊임없이 기도하고 낙심하지 않아야 합니다(눅 18:1). 기도한 것은 반드시 이루어주십니다(막 11:24).

엄마가 가슴에 품고 기도한 아이는 건강하게 자랍니다. 그리스도의 인격과 성품을 가진 아이로 자라게 됩니다.

1. 출산(순산)하게 하여 주심에 감사드립니다

말씀 새기기 | 이사야 66:9
여호와께서 이르시되 내가 아이를 갖도록 하였은즉 해산하게 하지 아니하겠느냐 네 하나님이 이르시되 나는 해산하게 하는 이인즉 어찌 태를 닫겠느냐 하시니라

믿음으로 기도하며

생명의 근원이신 하나님, _____(이)를 출산하게 해주셔서 감사합니다. 출산의 모든 과정을 인도하여주시고 새 생명을 주신 주님께 영광을 돌립니다.
생명을 얻은 기쁨이 한없이 큽니다.
그동안 어려움도 있었지만 지켜주시고 잘 이겨나가게 해주심을 감사드립니다.
주신 자녀 _____(이)가 하나님의 자녀임을 고백합니다.

구약의 이스라엘 백성을 하나님의 백성으로 택하신 하나님, _____(이)를 주의 백성으로 인쳐 주옵소서. 믿음 안에서 얻은 자녀이오니 믿음으로 살게 하시며 주님을 섬기는 자녀가 되게 하옵소서.
 기도로 준비하여 얻은 새 생명이오니 기도로 살아가게 하옵소서.
 아기를 위해서 기도하며 살기 원합니다.

 기도를 쉬지 않게 하옵소서. 힘들고 지쳐 기도할 힘이 없을 때에도 붙잡아 주셔서 감당하게 하옵소서.
 _____(이)를 인간의 욕심으로 키우지 않게 하시고 하나님의 뜻을 따라 양육하게 하여 주옵소서. 건강하게 잘 자랄 수 있게 해 주옵소서.

 아이가 자라가면서 모든 질병을 이겨나가게 하옵소서. 아기를 잘 양육할 수 있는 지혜와 능력을 주옵소서. 아기와 함께 행복한 가정이 되게 해주옵소서.
 예수님의 이름으로 기도드립니다. 아멘.

사랑으로 선포하기

　　_____(아)야. 이 세상에 태어난 너를 축복한다. 엄마 뱃속에서 잘 자라 주어서 고맙다. 이제 세상에 나왔으니 건강하게 자라거라. 비록 작은 주먹이지만 움켜쥐고 나왔으니 세상을 호령하는 믿음의 용사가 되거라. 추수 때의 얼음 냉수와 같이 하나님의 마음을 시원하게 해드리는 사람이 되거라.
　　_____(아)야, 너의 생애를 축복한다.

기도에 힘이 되는 말씀 의지하기

창세기 | 21:3~4
아브라함이 그에게 태어난 아들 곧 사라가 자기에게 낳은 아들을 이름하여 이삭이라 하였고 그 아들 이삭이 난 지 팔 일 만에 그가 하나님이 명령하신 대로 할례를 행하였더라

요한복음 | 16:21
여자가 해산하게 되면 그 때가 이르렀으므로 근심하나 아기를 낳으면 세상에 사람 난 기쁨으로 말미암아 그 고통을 다시 기억하지 아니하느니라

디모데전서 | 2:15
그러나 여자들이 만일 정숙함으로써 믿음과 사랑과 거룩함에 거하면 그의 해산함으로 구원을 얻으리라

2. 출산 이후의 몸을 회복시켜 주옵소서

말씀 새기기 | **다니엘 10:19**
이르되 큰 은총을 받은 사람이여 두려워하지 말라 평안하라 강건하라 강건하라 그가 이같이 내게 말하매 내가 곧 힘이 나서 이르되 내 주께서 나를 강건하게 하셨사오니 말씀하옵소서

믿음으로 기도하며

 병든 자를 고치시며 연약한 자를 회복시키시는 주님, 온 천하보다 귀하게 여기시는 한 영혼인 _____(이)를 출생하게 하심을 감사드립니다.

 주님의 섭리에 따라서 고귀한 생명을 출산하였사오니 이로 인해 연약해진 저를 긍휼히 여겨 주옵소서. _____(이)를 출산하느라 제 몸이 어디 하나 성한 곳 없이 연약한 상태에 있음을 주님이 아십니다.
 약한 자와 병자를 불쌍히 여기시고 치료해 주셨던 주

님, 여종을 기억하여 주옵소서. 회복의 은혜를 주옵소서. 이제 _____(이)를 양육해야 할 사명이 남아 있습니다. 저 혼자만의 힘으로는 감당할 수 없음을 아십니다. 감당할 수 있는 힘을 주옵소서.

 무엇보다 건강하지 않고서는 감당할 수 없는 사명이오니 건강을 회복시켜 주옵소서.

 하나님의 말씀에 의해 마른 **뼈**들이 서로 연결되고 그 **뼈**들이 하나님이 주시는 생기에 의해서 거대한 군대가 되는 환상을 에스겔에게 주셨던 하나님,
 희망이 사라진 하나님의 백성들을 향하여 주셨던 희망의 메시지를 기억합니다.

 에스겔 골짜기의 마른 **뼈**와 같이 온 몸이 생기를 잃고 허약해진 이 여종을 불쌍히 여겨주옵소서. 회복하게 하시되 급속한 치료의 광선을 비추사 외양간에서 나온 송아지가 뜀같게 하옵소서.
 예수님의 이름으로 기도드립니다. 아멘.

사랑으로 선포하기

 내 영혼아 회복의 은혜를 주시는 하나님을 찬양하라. 새 생명을 탄생하게 하신 창조주 하나님께 영광을 돌리라. 여기까지 인도하신 하나님이 이제 육체를 새롭게 하시리라.
 더욱 강건하게 하시리라. 이전보다 새롭게 되어라.
 엄마를 통해 생명을 얻은 _____(이)가 세상 살아가는 동안 강건하게 자라기를 축복하노라.

기도에 힘이 되는 말씀 의지하기

욥기 | 33:25
그런즉 그의 살이 청년보다 부드러워지며 젊음을 회복하리라

잠언 | 4:22
그것은 얻는 자에게 생명이 되며 그의 온 육체의 건강이 됨이니라

요한3서 | 1:2
사랑하는 자여 네 영혼이 잘 됨같이 네가 범사에 잘되고 강건하기를 내가 간구하노라

3. 산후 조리를 잘 할 수 있게 하옵소서

말씀 새기기 | 에베소서 4:16
그에게서 온 몸이 각 마디를 통하여 도움을 받음으로 연결되고 결합되어 각 지체의 분량대로 역사하여 그 몸을 자라게 하며 사랑 안에서 스스로 세우느니라

믿음으로 기도하며

 약한 자에게 강함을, 병든 자에게 치료함을 주시는 주님! 출산 후에 산후 조리를 잘할 수 있게 도와주옵소서. 앞으로 해야 할 많은 일들을 생각하면 산후 조리를 잘 해서 건강한 몸을 유지해야 함을 주님께서 아시나이다.
 산후 조리를 잘할 수 있는 환경이 되게 해주옵소서.
 바쁘게 살아가다보니 산후 조리를 제대로 하지 못하여 고생하는 산모들이 있는 것을 봅니다.
 환경을 주관하시는 사랑이 많으신 주님,

저에게 산후 조리를 제대로 할 수 있는 환경을 주옵소서. 아기 _____(이)를 위해서도 안정적인 환경이 필요합니다. 좋은 환경으로 인도해 주옵소서.

주님, 돕는 손길도 붙여주옵소서.
산후에 저 혼자 모든 일들을 감당하기가 어려움을 주님이 아시나이다. 도와줄 수 있는 사람을 보내주옵소서. 또한 돕는 손길 위에 복을 내려 주옵소서.

삶의 주인 되신 하나님, 산후 조리를 하는 동안에도 주님을 잊지 않게 하여 주옵소서. 주님을 섬기는 생활이 그치지 않게 해주옵소서.
신생아인 _____(이)를 데리고 성전에 출입하기는 어려울지라도 있는 자리에서 주님을 찬양하며 섬길 수 있게 해주옵소서.

아기와 함께 기도하면서 생활할 수 있게 해주옵소서.
하나님의 영광을 위해서 살게 해주옵소서.
예수님의 이름으로 기도드립니다. 아멘.

사랑으로 선포하기

_____(아)야, 너를 보는 것만으로도 모든 고통을 잊는 것 같구나. 너로 인해서 기쁘고 행복하단다. _____이를 위해서도 **빨리 회복되기**를 원한다. 지금은 힘이 없지만 하나님이 주시는 회복의 은혜로 외양간에서 나온 송아지가 뛰는 것같이 건강해질 것이다. 너를 잘 돌봐줄 수 있는 건강한 엄마가 될게. 사랑한다.

기도에 힘이 되는 말씀 의지하기

욥기 | 33:25~26
그런즉 그의 살이 청년보다 부드러워지며 젊음을 회복하리라 그는 하나님께 기도하므로 하나님이 은혜를 베푸사 그로 말미암아 기뻐 외치며 하나님의 얼굴을 보게 하시고 사람에게 그의 공의를 회복시키시느니라

말라기 | 4:2
내 이름을 경외하는 너희에게는 공의로운 해가 떠올라서 치료하는 광선을 비추리니 너희가 나가서 외양간에서 나온 송아지같이 뛰리라

사도행전 | 4:10
너희와 모든 이스라엘 백성들은 알라 너희가 십자가에 못 박고 하나님이 죽은 자 가운데서 살리신 나사렛 예수 그리스도의 이름으로 이 사람이 건강하게 되어 너희 앞에 섰느니라

4. 약해지지 않게 하옵소서

말씀 새기기 | 욥기 14:7-9
나무는 희망이 있나니 찍힐지라도 다시 움이 나서 연한 가지가 끊이지 아니하며 그 뿌리가 땅에서 늙고 줄기가 흙에서 죽을지라도 물 기운에 움이 돋고 가지가 뻗어서 새로 심은 것과 같거니와

믿음으로 기도하며

자비로우신 주님!
한 생명을 잉태하고 출산하는 과정에서 몸과 마음이 연약해졌사오나 영적으로는 나약해지지 않게 하옵소서. 하나님께서 주시는 은혜를 힘입어 영혼이 강건하게 하여 주옵소서. 주님이 주시는 힘으로 인하여 몸의 허약함도 이겨나갈 수 있게 하옵소서.

힘들고 지쳐서 로뎀나무 아래 쓰러져 있던 엘리야를 어루만져 위로해 주셨던 주님, 지치고 힘든 저의 영혼과 육신을 위로해 주옵소서.

떡과 물로 엘리야의 연약한 육신을 먹이시고 세미한 음성으로 새 힘을 주셨던 하나님, 이 여종의 육신에도 새 힘을 주옵소서.

주님이 주시는 은혜로 영혼이 건강하게 하옵소서.

조금도 나약해지지 않게 하옵소서.

하나님의 피조물인 나무에게도 희망을 주시는 하나님, 찍히고 잘릴지라도 다시 움이 나서 연한 가지가 끊이지 아니하며 물 기운에 움이 돋고 가지가 뻗어서 새로 심은 것과 같게 하시는 주님,

_____(이)에게 여종의 한 부분을 떼어 준 것과 같아서 비록 몸은 약해졌을지라도 영혼은 나약해지지 않게 하여 주옵소서.

정절로써 믿음과 사랑과 거룩함에 거하면 그 해산함으로 구원을 얻으리라 하셨사오니, 영혼과 육신이 하나님의 은혜로 새로워지게 해주옵소서.

예수님의 이름으로 기도드립니다. 아멘.

사랑으로 선포하기

내 영혼아, 너를 지키시는 여호와를 바라보아라. 영혼을 강건하게 하시는 하나님이 너를 붙드시라. _____(아)야, 하나님의 사랑과 은혜로 살아온 너와 엄마는 강건해질 것이다. 영혼을 지으신 하나님이 너와 엄마의 영혼과 육체를 새롭게 하시리라.

기도에 힘이 되는 말씀 의지하기

욥기 | 33:4
하나님의 영이 나를 지으셨고 전능자의 기운이 나를 살리시느니라

잠언 | 4:22
그것은 얻는 자에게 생명이 되며 그의 온 육체의 건강이 됨이니라

마가복음 | 5:34
예수께서 이르시되 딸아 네 믿음이 너를 구원하였으니 평안히 가라 네 병에서 놓여 건강할지어다

5. 모유가 잘 나오게 해주옵소서

말씀 새기기 | 베드로전서 2:2
갓난 아기들같이 순전하고 신령한 젖을 사모하라 이는 그로 말미암아 너희로 구원에 이르도록 자라게 하려 함이라

믿음으로 기도하며

모든 육체에 양식을 주시는 하나님.
_____(이)가 태에서 나옴으로부터 예비하신 양식을 먹여주심을 감사드립니다. 아기가 자라는 동안 먹을 수 있는 순전한 젖을 주옵소서.

무엇을 먹을까 마실까 입을까 염려하지 말라고 하신 주님, 하나님께서 아기를 위해서 준비해 주신 일용할 양식을 주실 줄로 믿습니다.
그러나 공기와 물 등 환경의 오염으로 인하여 건강한 젖을 먹이기가 어려운 환경임을 주님이 아십니다.

전능하신 주님, '무슨 독을 마실지라도 해를 받지 아니하리라'(막 16:18)고 하셨사오니 아기가 이겨나갈 수 있는 힘을 주옵소서.

 _____(이)에게 가장 좋은 양식은 하나님이 주신 모유임을 아니이다. 아기가 충분히 먹고 자랄 수 있는 젖을 주옵소서.
 산모가 먹는 음식이 소화가 잘되어 아기의 영양이 되게 하시고, 모든 유선을 열어주셔서 젖이 잘 돌게 하여 주옵소서. 아기가 먹고도 남음이 있도록 하여 주옵소서. 혹시 모유가 부족하여 아기에게 분유를 먹이게 되더라도 그것이 아기에게 좋은 양식이 되게 하여 주옵소서.

 육신의 양식만이 아니라 '신령하고 순전한 젖'인 하나님의 말씀을 함께 먹고 자라기를 원합니다.
 예수님처럼 말씀과 함께 자라는 _____(이)가 되게 하여 주옵소서.
 예수님의 이름으로 기도드립니다. 아멘.

사랑으로 선포하기

 사랑스런 _____(아)야. 하나님은 너에게 필요한 모든 것을 준비하고 계신다. 먹을 것과 입을 것, 그리고 살아가면서 필요한 것들을 예비하고 계신다.
 잘 먹고 튼튼하게 자라거라. 엄마도 _____(이)에게 필요한 양식을 주기 위해 잘 먹고 건강할 것이다.
 사랑한다. 아가야.

기도에 힘이 되는 말씀 의지하기

출애굽기 | 2:7
그의 누이가 바로의 딸에게 이르되 내가 가서 당신을 위하여 히브리 여인 중에서 유모를 불러다가 이 아기에게 젖을 먹이게 하리이까

사무엘상 | 1:23
그의 남편 엘가나가 그에게 이르되 그대의 소견에 좋은 대로 하여 그를 젖 떼기까지 기다리라 오직 여호와께서 그의 말씀대로 이루시기를 원하노라 하니라 이에 그 여자가 그의 아들을 양육하며 그가 젖 떼기까지 기다리다가

시편 | 131:2
실로 내가 내 영혼으로 고요하고 평온하게 하기를 젖 뗀 아이가 그의 어머니 품에 있음 같게 하였나니 내 영혼이 젖 뗀 아이와 같도다

6. 산후에 정신이 건강하게 해주세요

말씀 새기기 | 에베소서 1:3-5
찬송하리로다 하나님 곧 우리 주 예수 그리스도의 아버지께서 그리스도 안에서 하늘에 속한 모든 신령한 복을 우리에게 주시되 곧 창세 전에 그리스도 안에서 우리를 택하사 우리로 사랑 안에서 그 앞에 거룩하고 흠이 없게 하시려고 그 기쁘신 뜻대로 우리를 예정하사 예수 그리스도로 말미암아 자기의 아들들이 되게 하셨으니

믿음으로 기도하며

영혼과 육체를 주관하시는 하나님,
지금까지 인도하여 주신 은혜에 감사를 드립니다. 몸도 마음도 새 힘을 받아 살았음을 고백합니다.

매 순간마다 아기와 저를 지켜주시고 보호하여 주셔서 감사합니다. 하나님께서 주신 _____(이)를 태중에 품고 출산하기 전까지 기도하고 찬송하며 아이를 위해 태교하며 지냈습니다.

이제 출산의 은혜를 주셔서 아기도 잘 자라게 해주심을 감사드립니다.

자비로우신 주님, 마음이 나약해지지 않게 하여 주옵소서. 건강한 마음을 주옵소서.

주님이 주신 사명을 잊지 않게 하여 주옵소서. 산모들이 출산 이후에 자신의 정체감을 잃고 고민하는 이들이 적지 않다고 합니다. 심지어 깊은 상심에 빠져 산후우울증으로 시달리는 이들도 있는 것을 봅니다.

소망이며 기쁨의 근원 되시는 하나님 아버지,

무슨 일을 만나든지 하나님이 인도하여 주시는 은혜를 생각하며 감사함이 끊이지 않게 해주옵소서.

하늘에 속한 신령한 복을 주시기 위해서 택하시고 예정하시고 구속하여 하나님의 자녀가 되게 하신 크신 섭리를 깨닫게 하여 주옵소서.

_____(이)와 저에게 향하신 하나님의 계획을 늘 기억하며 하나님의 뜻 안에 살아가는 복된 삶이 되게 하여 주옵소서.

예수님의 이름으로 기도드립니다. 아멘.

사랑으로 선포하기

 _____(아)야! 우리에게 향하신 하나님의 인자하심과 계획이 크고도 놀랍다.

 하나님은 이 세상을 만드시기 전에 너를 선택하셨단다. 그리고 예정하신 대로 네가 태어났단다.

 이제부터 영원까지 하나님이 너와 함께하시며 인도하시는 은혜와 복을 누리며 살거라.

기도에 힘이 되는 말씀 의지하기

사사기 | 15:19
하나님이 레히에서 한 우묵한 곳을 터뜨리시니 거기서 물이 솟아나오는지라 삼손이 그것을 마시고 정신이 회복되어 소생하니 그러므로 그 샘 이름을 엔학고레라 불렀으며 그 샘이 오늘까지 레히에 있더라

시편 | 107:9
그가 사모하는 영혼에게 만족을 주시며 주린 영혼에게 좋은 것으로 채워주심이로다

고린도후서 | 5:13
우리가 만일 미쳤어도 하나님을 위한 것이요 정신이 온전하여도 너희를 위한 것이니

7. 변함없는 기쁨을 주옵소서

말씀 새기기 | **시편 16:11**
주께서 생명의 길을 내게 보이시리니 주의 앞에는 충만한 기쁨이 있고 주의 오른쪽에는 영원한 즐거움이 있나이다

믿음으로 기도하며

영원한 소망이며 기쁨이 되신 주님!
삶 속에 기쁨과 행복이 끊이지 않게 해주옵소서.

하나님께서 주시는 기쁨은 영원히 마르지 않는 샘물과 같습니다. 주님 안에는 충만한 기쁨이 있고 주님과 함께하는 곳에는 영원한 즐거움이 있습니다.

하나님이 주신 _____(이)를 낳아 기르는 일이 주님이 주신 기쁨이오니 아기를 기르는 동안 기쁨이 충만하게 하여 주옵소서.

세상의 기쁨은 영원하지 않으며 때로는 슬픔과 고통으로 변하기도 합니다.

 내가 주는 물을 먹는 자는 영원히 목마르지 아니하리라고 하신 예수님,
사람이 주는 기쁨을 찾아 방황하며 살았던 사마리아 여인에게 예수 그리스도를 영접하게 하시고 영원히 솟아나는 샘물 같은 기쁨과 소망을 주셨던 것처럼 제게도 영원히 변치 않는 기쁨을 주옵소서.

 _____(이)를 양육하는 동안 주님과 동행하며 주님 앞에서 살아가게 하옵소서. 주님과 함께함으로 기쁨이 넘치는 생활이 되게 하여 주옵소서.

 하루 일과를 마치고 기도하기 위해 침상에 모은 손이 비록 거칠고 투박해 보이지만 그 안에 참된 기쁨이 있음을 고백합니다. _____(이)를 기르는 동안 하나님이 주시는 기쁨으로 충만하게 하여 주옵소서.
 예수님의 이름으로 기도드립니다. 아멘.

사랑으로 선포하기

_____(아)야, 하나님이 주신 소중한 우리 아가를 돌보는 것이 엄마에게는 큰 기쁨이요 행복이란다. 때로는 힘이 들고 지치기도 하지만 하나님께서 새 힘을 주시고 기쁨을 주셔서 감사함으로 감당할 수 있게 된단다. _____(이)의 삶에도 하나님이 주시는 소망과 기쁨이 충만하거라.

기도에 힘이 되는 말씀 의지하기

시편 | 149:5
성도들은 영광 중에 즐거워하며 그들의 침상에서 기쁨으로 노래할지어다

요한복음 | 15:11
내가 이것을 너희에게 이름은 내 기쁨이 너희 안에 있어 너희 기쁨을 충만하게 하려 함이라

요한복음 | 16:24
지금까지는 너희가 내 이름으로 아무 것도 구하지 아니하였으나 구하라 그리하면 받으리니 너희 기쁨이 충만하리라

읽고 생각하기 | 2
아기가 걸리기 쉬운 질병

 영아가 걸리기 쉬운 질병들이 있습니다. 이런 질병들을 미리 알고 기도해야 합니다.

 황달 | 일반적으로 영아는 간에 황달 분해 효소인 빌리루빈이 부족해서 이 증세를 보인다고 합니다. 이러한 증상은 1주일 정도 지나면 없어지지만 색소가 너무 많아져서 뇌로 넘어가면 핵황달이 되고 나중에는 뇌성마비와 같은 심각한 증상을 유발하기도 한다고 합니다. 따라서 신생아에게 황달 증세가 있을 때는 전문의의 진찰을 받고 정확한 원인을 확인하는 것이 좋습니다.

 아구창 | 아구창은 입 안에 하얀 반점이 생기는 것을 말합니다. 원인은 알비칸스(Candida albicans)라는 곰팡이균에 의해서 생기는데 일반적으로 면역 기능이 저하된 아기들에게서 발생한다고 합니다.
 건강한 아기라도 입 안을 청결하게 닦아주지 않거나 젖꼭지나 젖병의 위생 상태가 좋지 않으면 생길 수도 있습니다. 입 안의 곰팡이균이 장으로 넘어가게 되면 설사를 일으키게 되기 때문에 가제 수건으로 아기의 입을 잘 닦아주고 젖꼭지나 우유병의 청결을 유지하는 것이 필요하다고 합니다.

선천성 담도 폐쇄 | 선천적으로 담도가 폐쇄된 아기들은 담즙이 나오지 않기 때문에 눈과 피부에 황달 증상이 나타나며 회색이나 흰색 소변을 본다고 합니다. 제때 치료를 하지 않으면 간경화로 진행되어 사망에 이르게 되는 무서운 질환으로 알려져 있습니다. 영아가 회색이나 흰색 소변을 본다면 즉시 병원으로 가서 확인을 해야 합니다.

두부 손상(head trauma) | 출산할 때 아기가 엄마의 좁은 산도를 통과해야 하기 때문에 머리가 손상되기도 합니다. 두피에 멍이 들거나 머리에 혹처럼 여러 개가 부풀어 오르게 되는데 두뇌와는 관계가 없고 대부분 백일정도 지나면 없어진다고 합니다.

이외에도 아기 배꼽의 탯줄이 떨어진 후에 고름이 잡히고 분비물이 생기는 제대육아종, 배꼽으로 장이 튀어나오는 배꼽탈장, 눈에 질병을 일으키는 결막염, 온몸에 붉은 반점이 생기는 중독성 홍반, 배가 아파서 고통스러워 심하게 우는 영아산통 등 우리가 다 알 수 없는 질병들이 많습니다.

이러한 질병에서 지켜주시기를 기도해야 합니다. 아기가 아픈 것은 엄마 아빠에게 큰 고통입니다. 아기가 말도 하지 못하고 울기만 하는 것을 보는 것은 부모에게 큰 고통입니다. 차라리 자신들이 대신 아팠으면 합니다.
어린아이를 사랑하시고 치료해주셨던 예수님은 오늘도 우리의 기도를 들으시고 모든 질병에서 자녀를 지켜주십니다. 자녀를 위한 기도가 쉬지 않기를 기도합니다.

8. 모든 일에 감사하는 삶이 되게 하옵소서

말씀 새기기 | 시편 139:14
내가 주께 감사하옴은 나를 지으심이 심히 기묘하심이라 주께서 하시는 일이 기이함을 내 영혼이 잘 아나이다

믿음으로 기도하며

 감사하는 자와 즐거워하는 자들을 번성하게 하시고 영화롭게 하시는 하나님,
 하나님이 주신 삶에 대한 감사가 쉬지 않게 하옵소서.
 _____(이)를 양육하는 일이 때로는 가시밭길을 가는 것과 같은 고난으로 여겨질 때도 있을 것입니다.
 하나님이 지으신 모든 것이 선하매 감사함으로 받으면 버릴 것이 없다고 하셨사오니 모든 것이 하나님이 주신 은혜임을 깨닫게 하시고 감사하는 삶이 되게 하여 주옵소서.

하나님의 세밀하신 섭리와 인도하심을 믿음으로 바라보게 하옵소서.

애굽에서 구원해 내시고 기적적인 능력으로 보호하시고 인도하시는 하나님의 은혜를 받고도 감사하지 못한 이스라엘 백성들과 같지 않게 하옵소서.

저들이 광야 길을 가는 동안 원망하다가 멸망시키는 자들에게 멸망당한 일을 기억합니다(고전 10:10).

무슨 일을 만나든지 하나님의 신실하심을 확신하게 하시며, 구할 것을 감사함으로 아뢰어 하나님의 도우심을 힘입고 살아가게 하옵소서.

애매히 고난을 받아도 하나님을 생각함으로 슬픔을 참으면 아름답다고 하셨사오니(벧전 2:19) 고난 중에서도 감사한 욥과 같은 믿음을 주옵소서.

인내하는 자를 복되다고 하셨사오니 원망과 불평하는 자가 되지 않게 하시며 믿음의 주요 온전하게 하시는 예수님을 바라보게 하옵소서.

예수님의 이름으로 기도드립니다. 아멘.

사랑으로 선포하기

하나님은 감사하는 사람이 되기를 원하신다.
_____(아), 모든 일에 감사하는 자녀가 되거라.
때로는 힘들고 어려운 일도 있단다.
원망하거나 불평하지 말고 감사함으로 너의 구할 것을 하나님께 말씀드리거라. 자비하시고 긍휼이 많으신 하나님께서 도와주시리라.
감사하는 _____(이)에게 하나님의 복이 있으라.

기도에 힘이 되는 말씀 의지하기

예레미야 | 30:19
그들에게서 감사하는 소리가 나오고 즐거워하는 자들의 소리가 나오리라 내가 그들을 번성하게 하리니 그들의 수가 줄어들지 아니하겠고 내가 그들을 존귀하게 하리니 그들은 비천하여지지 아니하리라

히브리서 | 12:2
믿음의 주요 또 온전하게 하시는 이인 예수를 바라보자 그는 그 앞에 있는 기쁨을 위하여 십자가를 참으사 부끄러움을 개의치 아니하시더니 하나님 보좌 우편에 앉으셨느니라

야고보서 | 5:11
보라 인내하는 자를 우리가 복되다 하나니 너희가 욥의 인내를 들었고 주께서 주신 결말을 보았거니와 주는 가장 자비하시고 긍휼히 여기시는 이시니라

9. 기도를 쉬지 않게 하옵소서

말씀 새기기 | 요한계시록 8:4
향연이 성도의 기도와 함께 천사의 손으로부터 하나님 앞으로 올라가는지라

믿음으로 기도하며

천사의 손으로 성도의 기도를 받들어 하나님 보좌에 올리게 하시는 하나님!
기도할 수 있는 특권을 주시니 감사합니다.
_____(이)를 양육하는 동안 하나님께 기도할 것들이 많이 있습니다. 기도가 중단되지 않게 하여 주옵소서.

_____(이)가 잉태되어 태중에 있는 동안에도 기도로 준비하게 하셨사오니 출생한 아기를 위해서 또 자신을 위해서 쉬지 않고 기도할 수 있게 하옵소서.

주님을 알지 못하였다면 촛불과 같이 연약한 자신이나 주변 사람을 의지할 수밖에 없었을텐데 전능하신 하나님을 만나 믿음으로 구하고 아뢰게 하시오니 진심으로 감사드립니다.

 예수님의 이름으로 무엇이든지 구하면 시행하리라고 약속하셨사오니 주님의 말씀을 굳게 붙잡고 기도합니다. _____(이)의 건강을 위한 기도, 앞날을 위한 기도, 질병에서 지켜주시기를 위한 기도, 잘 자라기를 바라는 기도 등 수많은 기도의 제목들을 앞에 두고 있습니다.
 기도하지 않고는 감당할 수 없는 일이오니 쉬지 않고 기도할 수 있는 은혜를 주옵소서.

 피곤하고 지쳐 기도하지 못하는 일이 없게 하여 주옵소서. 기도할 때 새 힘을 얻게 하시고 기도로 _____(이)를 양육하게 하옵소서.
 힘의 근원 되시는 예수님의 이름으로 기도드립니다. 아멘.

사랑으로 신포하기

_____(아)야, 너는 엄마 아빠가 기도로 얻은 자녀란다. 엄마와 아빠는 _____(이)를 위해서 앞으로도 쉬지 않고 계속 기도할 것이다. 아무 염려하지 말고 잘 자라거라. 하나님이 너를 지켜주실 것이다.
엄마 아빠가 너를 위한 기도의 후원자가 되어 줄게!
_____(이)의 삶에 하나님의 풍성한 복이 있으라.

기도에 힘이 되는 말씀 의지하기

사무엘상 | 12:23
나는 너희를 위하여 기도하기를 쉬는 죄를 여호와 앞에 결단코 범하지 아니하고 선하고 의로운 길을 너희에게 가르칠 것인즉

예레미야 | 29:7
너희는 내가 사로잡혀 가게 한 그 성읍의 평안을 구하고 그를 위하여 여호와께 기도하라 이는 그 성읍이 평안함으로 너희도 평안할 것임이라

누가복음 | 22:32
그러나 내가 너를 위하여 네 믿음이 떨어지지 않기를 기도하였노니 너는 돌이킨 후에 네 형제를 굳게 하라

10. 자녀에 대한 주님의 마음을 알게 하옵소서

말씀 새기기 | **고린도후서 6:18**
너희에게 아버지가 되고 너희는 내게 자녀가 되리라 전능하신 주의 말씀이니라 하셨느니라

믿음으로 기도하며

자녀를 사랑하시는 하나님!
자녀를 사랑하시는 하나님의 마음이 어떠하신지 잘 알지 못했습니다. 그러나 _____(이)를 얻고 난 후에 자녀를 향한 하나님의 마음이 어떠하신지 조금이나마 깨닫게 됩니다.

희생으로 얻은 자녀가 얼마나 소중하고 귀한 존재인지 조금이나마 알게 됩니다. 십자가에서 피 흘려 죽으심으로 우리를 구원하시고 자녀 삼으신 그 크고 놀라운 사랑에 감격하며 진심으로 감사를 드립니다.
 주님의 심정으로 _____(이)를 사랑하며 키우기를 원합니다. _____(이)가 저의 소유가 아니며 하나님이 맡겨주신 하나님의 자녀임을 고백합니다. 하나님의 뜻에 맞도록 믿음과 기도로 양육하며 하나님을 섬기는 성결한 자녀로 양육하기를 원합니다.

 택하신 자들을 부르시고 예수 그리스도를 영접하게 하시며 보혈의 공로로 구속하여 거듭난 새 생명이 되게 하시는 하나님 아버지, 한 영혼을 출산하는 일이 얼마나 힘들고 어려운 일이며 소중한 일인지를 깨닫습니다.

 세상 모든 족속을 구원하고 그들로 하여금 하나님의 말씀을 따라 순종하는 사람으로 자라도록 양육하는 일을 부탁하신(마 28:19-20) 주님,
 이것이 구원받은 성도들의 사명임을 깨닫습니다.
 주님의 심정으로 _____(이)를 양육하여 하나님 나라의 귀한 일꾼으로 키워 가기를 원합니다.
 예수님의 이름으로 기도드립니다. 아멘.

사랑으로 선포하기

_____(아)야, 너를 향한 하나님의 마음을 조금은 알 것 같구나. 너를 낳은 후에야 나를 낳아주신 할머니의 사랑을 알겠다. 또 너를 낳은 후에야 하나님의 자녀를 향한 마음을 조금이나마 이해할 것 같구나.

_____(아)야, 부모의 사랑을 아는 네가 되기 바란다. 하나님의 사랑을 깨닫는 _____(이)가 되기 바란다. 사랑한다.

기도에 힘이 되는 말씀 의지하기

누가복음 | 3:22
성령이 비둘기 같은 형체로 그의 위에 강림하시더니 하늘로부터 소리가 나기를 너는 내 사랑하는 아들이라 내가 너를 기뻐하노라 하시니라

로마서 | 9:8
곧 육신의 자녀가 하나님의 자녀가 아니요 오직 약속의 자녀가 씨로 여기심을 받느니라

요한1서 | 4:4
자녀들아 너희는 하나님께 속하였고 또 그들을 이기었나니 이는 너희 안에 계신 이가 세상에 있는 자보다 크심이라

11. 잘 먹게 하시고 소화도 잘되게 하여 주옵소서

말씀 새기기 | 요한복음 21:15
그들이 조반 먹은 후에 예수께서 시몬 베드로에게 이르시되 요한의 아들 시몬아 네가 이 사람들보다 나를 더 사랑하느냐 하시니 이르되 주님 그러하나이다 내가 주님을 사랑하는 줄 주님께서 아시나이다 이르시되 내 어린 양을 먹이라 하시고

믿음으로 기도하며

 모든 육체를 다스리시는 전능하신 하나님 아버지!
 어린 _____(이)가 태어나게 하시고 매일 매일 자라게 하심을 감사드립니다.
 하루가 다르게 자라는 아기의 모습을 봅니다.
 지금 이 시기가 아기의 신체 각 부분이 성장하고 발달하는 데 있어 매우 중요한 시기인 줄로 압니다.
 자비하신 주님,
 독립된 인격체로서 성장하는 _____(이)의 몸의 모

든 부분이 건강하게 자라도록 은혜를 주옵소서.
 뼈와 손과 발이 자라고, 이목구비와 오장육부가 자라서 스스로 자립할 수 있는 몸을 형성하고 있습니다. 특히 지금이 아기의 두뇌의 대부분이 형성되는 중요한 시기임을 깨닫습니다.

 생명의 주인이신 하나님 아버지, 제가 할 수 있는 것은 아무것도 없습니다. 농부가 씨를 뿌리고 물을 줄지라도 자라게 하시는 이는 오직 하나님이십니다.

 아기가 건강하게 자라도록 잘 먹을 수 있는 은혜를 주옵소서. 먹은 음식을 잘 소화할 수 있게 하여주옵소서. 소화된 양분들이 피가 되고 살이 되어 잘 자라게 하여주시며, 장도 건강하여 배변도 잘하게 하여 주옵소서.

 어린 _____(이)가 몸과 함께 영이 자라게 하옵소서. 일찍부터 하나님의 말씀의 양식을 먹여주셔서 말씀으로 자라는 아이가 되게 하여 주옵소서.
 예수님의 이름으로 기도드립니다. 아멘.

사랑으로 신뢰하기

_____(아)야, 너에게 주신 양식들을 잘 먹거라. 네가 먹은 양식을 잘 소화시켜서 건강하게 자라거라. 온 몸의 각 마디가 서로 조화되어 아름다운 지체를 이루거라. 두뇌와 지능이 잘 발달되어 이 세상에서 배워야 할 지식을 쌓고 하나님의 뜻을 이해하고 순종하는 데 부족함이 없기를 주님의 이름으로 축복한다.

기도에 힘이 되는 말씀 의지하기

창세기 | 47:24
추수의 오분의 일을 바로에게 상납하고 오분의 사는 너희가 가져서 토지의 종자로도 삼고 너희의 양식으로도 삼고 너희 가족과 어린아이의 양식으로도 삼으라 [번역 비교] [유사 말씀]

출애굽기 | 2:9
바로의 딸이 그에게 이르되 이 아기를 데려다가 나를 위하여 젖을 먹이라 내가 그 삯을 주리라 여인이 아기를 데려다가 젖을 먹이더니

베드로전서 | 2:2
갓난 아기들같이 순전하고 신령한 젖을 사모하라 이는 그로 말미암아 너희로 구원에 이르도록 자라게 하려 함이라

12. 잘 자게 하여 주옵소서

말씀 새기기 | **시편 127:2**
너희가 일찍이 일어나고 늦게 누우며 수고의 떡을 먹음이 헛되도다 그러므로 여호와께서 그의 사랑하시는 자에게는 잠을 주시는도다

믿음으로 기도하며

밤과 낮을 주관하시는 하나님!
밤낮을 구별하여 낮에는 일하게 하시고 밤에는 쉴 수 있는 휴식을 주심에 감사합니다.
_____(이)가 밤과 낮을 구별할 수 있게 하여 주옵소서. 낮 동안에는 깨어 있게 하시고 밤에는 잠을 잘 잘 수 있게 인도해 주옵소서. 잠을 잘 수 있는 시간을 주신 것은 하나님의 선물인 줄로 믿습니다.

사람에게 신체 리듬을 주시고 그 흐름을 따라서 살아가도록 하신 것은 건강하게 살라고 주신 은혜입니다.

세상을 창조하신 하나님께서 "저녁이 되며 아침이 되니 이는 첫째 날이니라"고 하시며 매일을 구별하셨던 것같이 _____(이)가 날을 구별하며 살 수 있게 하여 주옵소서.

낮에는 활발하게 활동하며 잘 먹고 잘 자라게 하여 주옵소서.

수면은 낮에 쌓인 피로를 풀게 하며 신체의 기능을 회복하게 하는 줄 압니다.
_____(이)가 잠을 잘 잠으로 인하여 아이의 생활에 필요한 에너지를 보충하게 하여주시고 약했던 부분들이 건강하게 회복되는 시간이 되게 하여주옵소서.

하나님이 사랑하시는 자에게 잠을 주신다고 하셨사오니 밤 시간에 평안하게 잠을 잘 수 있게 하여주옵소서.

예수님의 이름으로 기도드립니다. 아멘.

사랑으로 선포하기

_____(아)야, 하나님께서 사랑하시는 아이에게는 잠을 주신다고 약속하셨다. 걱정하지 말거라. 하나님이 _____(이)를 많이 사랑하신다. 주님의 품 안에 안겨서 편안히 잘 자거라. 하나님이 주신 시간표에는 낮과 밤의 구별이 있단다. 낮에는 잘 놀고 밤에는 엄마의 품에서 편안히 잘 자는 _____(이)가 되거라. 사랑한다.

기도에 힘이 되는 말씀 의지하기

이사야 | 57:2
그들은 평안에 들어갔나니 바른 길로 가는 자들은 그들의 침상에서 편히 쉬리라

이사야 | 63:14
여호와의 영이 그들을 골짜기로 내려가는 가축같이 편히 쉬게 하셨도다 주께서 이와 같이 주의 백성을 인도하사 이름을 영화롭게 하셨나이다 하였느니라

마가복음 | 4:38
예수께서는 고물에서 베개를 베고 주무시더니 제자들이 깨우며 이르되 선생님이여 우리가 죽게 된 것을 돌보지 아니하시나이까 하니

13. 피부가 건강하게 하옵소서

말씀 새기기 | 잠언 4:21-22
그것을 네 눈에서 떠나게 하지 말며 네 마음속에 지키라 그것은 얻는 자에게 생명이 되며 그의 온 육체의 건강이 됨이니라

믿음으로 기도하며

 신체를 감싸는 피부 조직을 만드신 하나님 아버지, _____(이)에게 고운 피부를 만들어 주셔서 감사합니다.
 우리의 형편을 잘 아시는 주님!
 어린 자녀를 둔 많은 부모들이 가장 염려하는 질병 중 하나가 피부병임을 하나님께서 잘 아십니다.

 산업화가 되면서 사람들의 삶이 풍요로워지고 주거 환경이 변하였습니다. 과거에 자연친화적인 환경인 흙집이나 한옥집, 또는 초가집에 살 때에는 아기들이 피부병으로 고생하는 일이 별로 없었습니다. 오늘날에는 콘크리트로 지어진 아파트나 주택에 살게 되면서 겨울철에는 아기들의 피부가 건조해지기 쉽습니다.

 또 인공적으로 만든 마감재에서 나오는 유해 물질들과 차량과 공장에서 나오는 오염된 공기들로 인해서 피부가 연약한 아기들이 아토피 피부병이라는 질병에 노출되어 고생하는 것을 봅니다.
 그뿐 아니라 대량으로 생산되는 식재료에는 각종 색소와 조미료, 방부제가 첨가되어 민감한 아기들의 피부에 병이 생기고 그로 인해 고생하는 것을 주님이 아십니다.
 부모로서 할 수 있으면 아기가 유해 환경에 노출되지 않도록 노력을 기울이지만 제 힘만 가지고는 다 감당할 수 없습니다.
 자비로우신 주님, _____(이)의 피부를 건강하게 지켜주옵소서. 유해한 환경들을 이기게 도와주옵소서. 건강한 피부를 가지고 자라도록 인도해 주옵소서.
 예수님의 이름으로 기도드립니다. 아멘.

사랑으로 선포하기

 사랑하는 _____(아)야, 너를 좋은 환경에서 키우고 싶은 것이 엄마의 소망이란다. 그러나 세상에는 어린 네가 이겨나가기 힘든 환경들이 많단다. 엄마 아빠는 공기도, 물도, 음식도 오염 안 된 깨끗한 것들을 너에게 주려고 하지만 잘 안 되는 부분들도 있구나.
 하지만 하나님이 _____(이)의 피부를 건강하게 지켜 주실 것이다. 간강한 피부를 가진 아이로 자라거라.

기도에 힘이 되는 말씀 의지하기

욥기 | 33:25
그런즉 그의 살이 청년보다 부드러워지며 젊음을 회복하리라

마태복음 | 18:3
이르시되 진실로 너희에게 이르노니 너희가 돌이켜 어린아이들과 같이 되지 아니하면 결단코 천국에 들어가지 못하리라

누가복음 | 6:10
무리를 둘러보시고 그 사람에게 이르시되 네 손을 내밀라 하시니 그가 그리하매 그 손이 회복된지라

14. 질병에서 지켜주옵소서

말씀 새기기 | **마가복음 16:18**
뱀을 집어올리며 무슨 독을 마실지라도 해를 받지 아니하며 병든 사람에게 손을 얹은즉 나으리라 하시더라

믿음으로 기도하며

만물을 새롭게 하시는 하나님 아버지,
연약한 _____(이)가 하나님의 보호하심으로 인해
건강하게 자라고 있음을 고백하며 감사를 드립니다.

하나님의 섭리에 따라 _____(이)가 태어나서
몇 달간은 엄마의 면역 기능을 가지고 잘 살아가도록
해주셔서 감사합니다. 이 기간이 끝나면 _____
(이)가 혼자 힘으로 질병들과 싸워나가야 합니다.

졸지도 않고 주무시지도 않으시며 _____(이)를

지켜주시는 하나님께 기도드립니다.
 영아기에 이겨내야 할 질병들을 잘 이겨낼 수 있도록 도와주옵소서.
 신생아는 간에 황달 분해 효소가 부족해서 대부분 황달 증세를 일으킨다고 합니다. 증상이 심하지 않게 해주시고 즉시 회복되도록 인도해 주옵소서.

 입 안에서는 곰팡이균이 서식하기도 하는데 몸이 허약하거나 면역 기능이 저하된 아기에게 설사를 일으키기도 한다고 합니다. 이러한 균에서 지켜주옵소서.
 떨어진 탯줄도 염증이 생기지 않고 잘 아물게 해주옵소서. 아기가 출생시에 좁은 산도를 통과해야 하므로 머리가 손상되기 쉽다고도 합니다.
 모든 것을 아시는 주님, 아기가 건강하게 회복되게 하여 주옵소서.

 그 외에도 무지해서 알지 못하는 모든 질병에서 지켜주시며 _____(이)가 건강하게 자라게 해주옵소서.
 예수님의 이름으로 기도드립니다. 아멘.

사랑으로 선포하기

_____(아)야, 세상에는 엄마가 다 알지 못하는 질병들이 많구나. 하지만 하나님은 세밀하게 아시고 이런 것들에서 너를 지켜주실 것이다. 너에게 생명을 주셨으니 네가 건강하게 자라도록 지켜주실 것을 확신한다. 모든 질병을 이겨내고 건강하여라.

기도에 힘이 되는 말씀 의지하기

신명기 | 28:3-4
성읍에서도 복을 받고 들에서도 복을 받을 것이며 네 몸의 자녀와 네 토지의 소산과 네 짐승의 새끼와 소와 양의 새끼가 복을 받을 것이며

시편 | 121:4
이스라엘을 지키시는 이는 졸지도 아니하시고 주무시지도 아니하시리로다

에베소서 | 4:16
그에게서 온몸이 각 마디를 통하여 도움을 받음으로 연결되고 결합되어 각 지체의 분량대로 역사하여 그 몸을 자라게 하며 사랑 안에서 스스로 세우느니라

읽고 생각하기 | 3
아기의 신체와 두뇌의 발달 과정

모든 부모의 바람은 아이가 건강한 신체를 가진 똑똑한 아이로 자라는 것입니다. 그러기 위해서는 아이의 발달 과정을 정확히 알고 그에 맞는 기도를 하는 것이 필요합니다.

갓 태어난 아기는 급속도로 성장합니다. 몸무게는 생후 4개월이 되면 출생했을 때의 2배 정도 되며 1년이 되면 3배 정도까지 늘어난다고 합니다.

신체 발달은 머리에서 시작하여 팔과 다리로 진행됩니다. 아기는 가장 먼저 머리를 돌리는 것부터 시작해서 머리를 들게 되고, 팔과 복부를 사용하여 기고 앉을 수 있게 되며, 마지막에 걸을 수 있게 됩니다. 이와 같이 신체 발달은 머리를 중심으로 목, 어깨, 팔, 손, 손가락, 그리고 말초신경 방향으로 진행된다고 합니다.

영아의 신체 발달의 특징은 분화와 통합입니다. 분화란 신체의 각 부분이 개별적으로 움직이는 것을 말합니다. 예를 들어 아이가 무엇을 잡으려고 할 때 눈과 손이 함께 협력하여 물건을 잡게 됩니다. 그러나 아직 통합의 과정 중에 있는 아기는 분화된 상태에 있기 때문에 자신의 뜻대로 물건을 잡을 수 없게 됩니다. 아기가 성장함에 따라 분화와 통합이 발달되면서 완전한 신체 활동이 이루어지는 것입니다.

대부분의 부모는 아기가 똑똑한 아이로 자라기를 바랍니다. 두뇌는 태어나면서부터 계속적으로 발달하지만 대부분의 중요한 발달은 3세 이전에 이루어진다고 합니다. 갓 태어난 아이의 뇌는 성인 뇌의 1/4 정도이지만 만 3세가 되면 80% 정도까지 자란다고 합니다.

머리가 좋고 나쁜 것은 뇌세포가 얼마나 많고 적으냐에 달려 있는 것이 아니라 뇌가 얼마나 잘 발달하였는지에 달려 있다고 합니다. 뇌의 발달을 위해서는 두뇌 자극이 필요합니다. 생후 3개월까지는 아이와의 스킨십을 통해 오감에 자극을 주고, 그 후 6개월까지는 청각이 발달하는 시기이기 때문에 음악을 통해서 감각을 발달시켜줍니다. 그리고나서 12개월까지는 놀이와 미각을 통해서 감각을 발달시켜 주는 것이 좋습니다. 아이의 성장에 따른 여러 가지 자극은 두뇌 발달에 크게 영향을 미치므로 똑똑한 아이로 키워가는데 도움이 됩니다.

부모는 아이가 건강하고 똑똑한 아이로 자라도록 기도해야 합니다. 다니엘은 하나님께로부터 다른 사람들보다 10배나 뛰어난 지능을 받았습니다.

기도로 아이가 건강해집니다. 그리고 기도로 아이가 똑똑해집니다. 하나님께서 건강과 지혜를 주시기 때문입니다. 아이를 위한 기도를 쉬지 않는 부모가 되시기 바랍니다.

15. 예방접종을 잘 이겨내게 하옵소서

말씀 새기기 | **출애굽기 15:26**
이르시되 너희가 너희 하나님 나 여호와의 말을 들어 순종하고 내가 보기에 의를 행하며 내 계명에 귀를 기울이며 내 모든 규례를 지키면 내가 애굽 사람에게 내린 모든 질병 중 하나도 너희에게 내리지 아니하리니 나는 너희를 치료하는 여호와임이라

믿음으로 기도하며

 사람을 하나님의 형상대로 만드시고 지혜를 주신 하나님, 어린 아기들이 질병을 이겨나갈 수 있도록 백신을 개발하게 하여주시니 감사합니다.
 하나님, 아기들이 이겨내야 할 수많은 질병들이 있음을 아십니다.
영아기의 아기들이 걸리기 쉬운 질병들 중 간이나 뇌에 염증을 일으키는 무서운 바이러스가 있습니다.
 폐나 코에 들어가서 폐렴이나 중이염, 뇌막염을 일으키는 폐구균 바이러스, 장에 염증을 일으켜 설사와 구토를 유발하는 로타 바이러스도 있습니다.
 코와 목에 염증을 일으켜 호흡을 할 수 없게 만드는 디프테리아균 같은 세균도 있습니다.

 신경독성 물질을 만들어 입을 열거나 음식을 삼킬 수 없게 만들고 전신마비를 일으키는 파상풍균, 호흡기에 염증을 일으켜 심한 기침을 하게 만들고 호흡을 할 수 없게 만드는 백일해라는 균, 소아의 하반신 마비를 일으켜 걸을 수 없게 만드는 폴리오 세균도 있습니다.

 그 외에도 홍역, 볼거리, 풍진 등의 병을 일으키는 무서운 바이러스들이 있습니다. 이 모든 질병들을 예방하기 위해서 맞는 예방접종을 잘 이겨내게 하여주옵소서. 이러한 질병을 이기고 건강하게 살아가도록 예방접종 백신을 만들 수 있게 해주셔서 감사합니다.
 _____(이)에게도 예방접종을 하고자 합니다. 부작용 없이 항체가 잘 형성되어 질병들을 이기고 건강하게 자라도록 도와주옵소서.
 예수님의 이름으로 기도드립니다. 아멘.

사랑으로 선포하기

 세상에는 많은 바이러스들이 있단다. 하지만 하나님께서 이 세균들과 싸워 이길 수 있는 힘을 우리 몸에 주셨다. _____(이)도 바이러스에 걸릴 수 있겠지만 반드시 이겨낼 것이다. _____(이)가 잘 이겨나갈 수 있도록 예방 주사를 맞게 될거야. 하나님께서 항체를 만들어 주셔서 건강하게 살 수 있도록 해주실 것이다. 질병을 잘 이기거라, 아가야.

기도에 힘이 되는 말씀 의지하기

신명기 | 7:15
여호와께서 또 모든 질병을 네게서 멀리 하사 너희가 아는 애굽의 악질에 걸리지 않게 하시고 너를 미워하는 모든 자에게 걸리게 하실 것이라

이사야 | 58:8
그리하면 네 빛이 새벽같이 비칠 것이며 네 치유가 급속할 것이며 네 공의가 네 앞에 행하고 여호와의 영광이 네 뒤에 호위하리니

예레미야 | 30:17
여호와의 말씀이니라 그들이 쫓겨난 자라 하매 시온을 찾는 자가 없은즉 내가 너의 상처로부터 새 살이 돋아나게 하여 너를 고쳐 주리라

16. 위험에서부터 지켜주옵소서

말씀 새기기 | **시편 121:7**
여호와께서 너를 지켜 모든 환난을 면하게 하시며 또 네 영혼을 지키시리로다

믿음으로 기도하며

보호자 되시는 하나님!
_____(이)를 지켜주심을 감사합니다.
_____(은)는 아직 스스로를 보호할 능력이 없습니다. 위험과 환난에서 지켜주옵소서. 부모로서 아이를 돌본다고 하지만 알지 못하는 곳곳에 위험한 것들이 있습니다. 이러한 것들에서 지켜주옵소서.
 모든 것을 아시는 주님! 가정이 가장 안전한 장소라고 하지만 실제로는 밖에서 일어나는 사고보다 집에서 일어나는 사고가 더 많다고 합니다. 지켜주옵소서.
아기들이 자라면서 호기심도 많아지고 그로 인해 당하

는 사고가 많다고 합니다. 현관 문이나 방문, 싱크대 문, 냉장고 문 등에 손가락이 끼어 심각한 부상을 당하는 일이 많습니다. 지켜주옵소서.

전기콘센트에 젓가락을 넣어서 감전사고를 당하는 경우도 있고, 컴퓨터 디스켓을 넣는 곳이나 오디오의 씨디 플레이어 같은 곳에 손가락이 끼어 부상을 당하는 일도 있다고 합니다. 지켜주옵소서.

아이가 점점 손 힘이 세지면서 TV나 무거운 장식품 또는 화분 등을 잡아당겨 머리를 다치거나 그것에 몸이 깔려 심각한 부상을 당하는 일도 있다고 합니다. 지켜주옵소서.

무엇이든 입에 넣어보고 확인해 보고 싶어하는 시기입니다. 자칫 잘못된 것이 목에 걸려 큰 일을 당하기도 한다고 합니다. 사랑이 많으신 하나님, 아기가 안전하도록 모든 위험한 요소들을 제거하고 안전을 위해 노력하겠습니다.

그러나 모든 것에 알지 못하심이 없으신 하나님께서 _____(이)를 눈동자같이 지켜주옵소서.

예수님의 이름으로 기도드립니다. 아멘.

사랑으로 선포하기

_____(아)야, 태어나서 처음 보는 것들이 많을 거다. 만져보고 싶고, 맛도 보고 싶고, 궁금한 것들이 참 많지? 하지만 어떤 것들은 위험한 것들도 있단다. 엄마가 이런 것들을 살펴보고 안전하게 지켜줄게.
 그러나 _____(이)를 정말 안전하게 보호해 주실 분은 하나님이시란다. 모든 위험한 것에서 보호받고 안전하고 건강하게 자라거라. 사랑한다.

기도에 힘이 되는 말씀 의지하기 |

시편 | 59:16
나는 주의 힘을 노래하며 아침에 주의 인자하심을 높이 부르오리니 주는 나의 요새이시며 나의 환난 날에 피난처심이니이다 [번역 비교] [유사 말씀]

시편 | 91:15
그가 내게 간구하리니 내가 그에게 응답하리라 그들이 환난 당할 때에 내가 그와 함께하여 그를 건지고 영화롭게 하리라 [번역비교] [유사말씀]

고린도후서 | 1:4
우리의 모든 환난 중에서 우리를 위로하사 우리로 하여금 하나님께 받는 위로로써 모든 환난 중에 있는 자들을 능히 위로하게 하시는 이시로다 [번역 비교] [유사 말씀]

17. 이유식을 잘 섭취하게 하옵소서

말씀 새기기 | **마태복음 6:31**
그러므로 염려하여 이르기를 무엇을 먹을까 무엇을 마실까 무엇을 입을까 하지 말라

믿음으로 기도하며

 먹을 것, 입을 것, 마실 것을 염려하지 말라고 하신 주님, _____(이)가 건강하게 자라도록 인도해 주셔서 감사합니다.
 이도 몇 개가 자랐습니다. 엄마를 알아보며 웃기도 합니다. 이제는 모유(분유)만으로는 아기의 영양을 보충하기에 부족합니다. 이제까지 먹여보지 않았던 이유식을 먹여야 할 때가 된 것 같습니다.

 _____(이)가 이유식을 잘 먹게 해주시고 소화도 잘 시킬 수 있도록 도와주옵소서.

_____(이)를 품에 안고 기도하면서 모유(분유)를 먹일 수 있도록 은혜를 주셔서 감사합니다. 모세와 같은 믿음의 자녀로 자라게 하여 주옵소서.

음식을 대할 때마다 감사함을 배우게 하여 주옵소서.
아이들 중에는 하루 세 끼의 식사를 하지 못하는 아이들도 있음을 알게 하옵소서.
식사를 대할 때마다 일용할 양식을 주시는 하나님의 은혜를 깨닫게 하시고 감사하는 자녀가 되게 해주옵소서. 식사의 예절도 잘 배울 수 있게 하여 주옵소서.

편식하지 않게 하여 주옵소서.
모든 음식을 고르게 잘 먹게 하여 주옵소서.
몸을 위해 젖과 이유식을 먹이듯이 영의 양식도 잘 먹일 수 있게 하여 주옵소서. "사람이 떡으로만 살 것이 아니요 하나님의 입으로부터 나오는 모든 말씀으로 살 것이라"(마 4:4)고 하셨사오니 하나님의 말씀으로 양육 받는 믿음의 자녀가 되게 하여 주옵소서.
예수님의 이름으로 기도드립니다. 아멘.

사랑으로 선포하기

사랑스런 _____(아)야, 그동안 하나님이 많이 키워주셨구나! 때를 따라 먹을 양식을 주신 하나님께 감사를 드리자. 지금까지 _____(이)가 자란 것이 네 노력 때문이 아니라 하나님의 은혜임을 잊지 않도록 해라. 육의 양식과 함께 영의 양식도 잘 먹어야 한다. 하나님의 말씀을 즐거워하며 늘 마음에 간직하는 _____(이)가 되거라. _____(이)의 삶에 하나님의 은총이 가득하기를 축복한다.

기도에 힘이 되는 말씀 의지하기

열왕기상 | 17:4
그 시냇물을 마시라 내가 까마귀들에게 명령하여 거기서 너를 먹이게 하리라

에스겔 | 34:23
내가 한 목자를 그들 위에 세워 먹이게 하리니 그는 내 종 다윗이라 그가 그들을 먹이고 그들의 목자가 될지라

마태복음 | 4:4
예수께서 대답하여 이르시되 기록되었으되 사람이 떡으로만 살 것이 아니요 하나님의 입으로부터 나오는 모든 말씀으로 살 것이라 하였느니라 하시니 [번역 비교] [유사 말씀]

18. 입술에 아름다운 언어를 배우게 하옵소서

말씀 새기기 | 시편 63:3
주의 인자하심이 생명보다 나으므로 내 입술이 주를 찬양할 것이라

믿음으로 기도하며

인간에게 언어라는 선물을 주신 하나님!
_____(이)가 이제 말을 하기 시작했습니다. '엄마' 라는 소리를 가장 먼저 시작했고 아빠, 맘마, 찌지 등 이제 한 단어씩 말을 배워가고 있습니다.
하나님께서 인간에게 주신 선물 중에 뜻을 이해하고 생각을 나눌 수 있는 이 언어를 구사할 수 있는 은혜가 큰 선물인 줄 압니다.
하나님 아버지, _____(이)가 언어를 배워가면서 아름다운 말을 사용하게 해주옵소서.

아름다운 언어는 자신을 아름답게 하며 다른 사람에게도 향기를 풍깁니다. 아름다운 언어는 마음을 곱게 하며 상대에게도 감화를 줍니다.

 하나님을 찬양하는 말을 하게 하옵소서.
 '한 마음과 한 입으로 하나님 아버지께 영광을 돌리라'고 하셨사오니 _____(이)의 입을 통하여 영광을 받으시옵소서.
 기쁨을 주는 말을 배우게 하옵소서.
 다른 사람을 비방하는 말은 멀리 하게 하시고 칭찬과 격려의 말을 배우게 하셔서 다른 사람들에게 기쁨과 평화를 주는 _____(이)가 되게 하옵소서.

 글로벌한 시대를 살고 있습니다. 세계의 다른 나라 사람들과 교류하며 세계를 향한 비전을 갖기 위해서 다른 나라의 언어를 잘 배울 수 있는 은사도 주옵소서.
 '웃음으로 네 입에 채우리라'고 하셨사오니 _____(이)의 입술에 기쁨과 감사가 가득하게 하여 주옵소서.
 예수님의 이름으로 기도드립니다. 아멘.

사랑으로 선포하기

_____(아)야, 하나님이 주신 너의 입술이 정말 아름답구나. 언어를 잘 배워서 그것으로 하나님을 찬양하는 _____(이)가 되거라.

세상을 평화롭게 하고 기쁨을 주는 말을 배우거라. 다른 나라들의 언어를 습득하는 데도 탁월한 재능을 받아서 세계를 향한 비전을 키워가는 _____(이)가 되거라.

기도에 힘이 되는 말씀 의지하기

욥기 | 8:21
웃음을 네 입에 즐거운 소리를 네 입술에 채우시리니

잠언 | 8:7
내 입은 진리를 말하며 내 입술은 악을 미워하느니라

이사야 | 57:19
입술의 열매를 창조하는 자 여호와가 말하노라 먼 데 있는 자에게든지 가까운 데 있는 자에게든지 평강이 있을지어다 평강이 있을지어다 내가 그를 고치리라 하셨느니라

19. 부모와의 신뢰가 잘 형성되게 하옵소서

말씀 새기기 | **역대하 20:20**
이에 백성들이 아침에 일찍이 일어나서 드고아 들로 나가니라 나갈 때에 여호사밧이 서서 이르되 유다와 예루살렘 주민들아 내 말을 들을지어다 너희는 너희 하나님 여호와를 신뢰하라 그리하면 견고히 서리라 그의 선지자들을 신뢰하라 그리하면 형통하리라 하고

믿음으로 기도하며

 믿음을 귀히 여기시는 하나님, 믿음으로 의에 이르고, 믿음으로 하나님의 자녀가 되며, 믿음으로 구원을 받게 됨같이 우리의 믿음을 귀하게 보심을 아나이다.
 믿음이 없이는 하나님을 기쁘시게 할 수 없다고 하신 주님, 하나님과의 관계에서 믿음을 귀히 여김같이 인간관계에서도 서로에 대한 신뢰가 있어야 함을 깨닫습니다.
 이삭이 아버지 아브라함을 신뢰하였기 때문에 순종하

여 제단에 올라갈 수 있었으며, 엘리사가 엘리야를 신뢰하였기에 요단 강을 두려워하지 아니하고 따라갈 수 있었다는 사실을 기억합니다.

_____(이)가 인간관계에서 신뢰를 잘 형성할 수 있도록 도와주옵소서. 이 시기는 아기들에게 신뢰가 형성되는 중요한 시기라고 합니다.

_____(이)가 먼저는 엄마에 대한 신뢰를 가질 수 있도록 도와주옵소서. 그리고 더 나아가 다른 사람과의 관계에서도 신뢰를 만들어 갈 수 있게 하여 주옵소서.

예수님의 제자들이 주님을 신뢰하였기에 순교의 자리까지 갈 수 있었던 것같이, 어린아이가 주님을 신뢰하므로 자신의 도시락을 드릴 수 있었던 것같이 _____(이)에게도 사람에 대한 믿음과 신뢰를 주옵소서.

학교에서 선생님을 잘 따르게 하옵소서.

교회에서도 선생님의 가르침을 잘 따르게 하옵소서.

더 나아가 목자 되신 목사님을 통해서 선포되는 하나님의 말씀으로 큰 믿음의 사람이 되게 하옵소서.

예수님의 이름으로 기도드립니다. 아멘.

사랑으로 선포하기

_____(아)야. 엄마와 아빠는 _____(이)를 진심으로 사랑한다. _____(이)를 위해서 기도해주시는 분들이 많단다. _____(이)를 도와주시는 분들도 많단다. 너를 사랑하고 도와주는 분들에 대한 믿음을 갖거라. 더 나아가서 이 모든 분들이 너를 사랑하고 도와줄 수 있도록 인도해 주신 분이 하나님이심을 기억하고 하나님께 대한 믿음이 큰 _____(이)가 되거라.

기도에 힘이 되는 말씀 의지하기

이사야 | 30:15
주 여호와 이스라엘의 거룩하신 이가 이같이 말씀하시되 너희가 돌이켜 조용히 있어야 구원을 얻을 것이요 잠잠하고 신뢰하여야 힘을 얻을 것이거늘 너희가 원하지 아니하고

에베소서 | 2:8
너희는 그 은혜에 의하여 믿음으로 말미암아 구원을 받았으니 이것은 너희에게서 난 것이 아니요 하나님의 선물이라

레위기 | 19:34
너희와 함께 있는 거류민을 너희 중에서 낳은 자같이 여기며 자기같이 사랑하라 너희도 애굽 땅에서 거류민이 되었었느니라 나는 너희의 하나님 여호와이니라

20. 믿음의 사람으로 자라게 하옵소서

말씀 새기기 | **히브리서 11:6**
믿음이 없이는 하나님을 기쁘시게 하지 못하나니 하나님께 나아가는 자는 반드시 그가 계신 것과 또한 그가 자기를 찾는 자들에게 상 주시는 이심을 믿어야 할지니라 [번역 비교] [유사 말씀]

믿음으로 기도하며

믿음의 주요 온전하게 하시는 예수님!
_____(이)에게 큰 믿음을 선물로 주옵소서.
믿음으로 자란 요셉이 하나님이 주시는 큰 꿈과 비전을 가졌던 것과 같이 _____(이)에게도 믿음을 주셔서 큰 비전을 가진 사람으로 자라게 하여 주옵소서.

믿음으로 하나님의 약속을 바랐던 야곱과 같이 하나님의 복을 크게 여기는 믿음의 자녀가 되게 하옵소서. 보이지 않은 경고하심을 믿고 순종하여 방주를 예비하는 행함의 믿음을 가졌던 노아와 같이 하나님의 말씀에 순종하는 믿음을 주옵소서.

하나님의 말씀을 경청하며 그 말씀에 순종하는 사람에게 약속하신 복을 _____(이)가 받게 하옵소서.

가정에서도 복을 받게 하옵소서.
일하는 일터에서도 복을 받게 하옵소서.
먹을 것이 풍성한 복을 받게 하옵소서.
하는 일마다 잘되는 복을 받게 하옵소서.
_____(이)를 반대하는 세력들은 떼를 지어 왔다가도 사방으로 뿔뿔이 흩어져 달아나게 하옵소서.
창고와 손을 댄 모든 것에 복을 주옵소서.

_____(이)가 믿음으로 하나님의 말씀에 순종하여 세계 모든 민족 위에 뛰어나게 되는 복을 주옵소서.
자손 대대로 복을 받게 하옵소서.
믿음에 모범이 되는 조상이 되게 하옵소서.
예수님의 이름으로 기도드립니다. 아멘.

사랑으로 선포하기

  _____(아)야, 큰 믿음의 사람이 되거라. 하나님은 믿음을 가진 사람을 좋아하신다.
 행함이 있는 믿음의 사람이 되거라. 하나님을 경외하고 순종하는 사람에게 주시는 땅의 모든 복을 받거라. 세계 모든 민족 위에 뛰어난 복을 받는 _____(이)가 되거라.

기도에 힘이 되는 말씀 의지하기

사도행전 | 15:9
믿음으로 그들의 마음을 깨끗이 하사 그들이나 우리나 차별하지 아니하셨느니라

로마서 | 1:17
복음에는 하나님의 의가 나타나서 믿음으로 믿음에 이르게 하나니 기록된 바 오직 의인은 믿음으로 말미암아 살리라 함과 같으니라

야고보서 | 2:22
네가 보거니와 믿음이 그의 행함과 함께 일하고 행함으로 믿음이 온전하게 되었느니라

21. 백일을 맞게 해주셔서 감사합니다

말씀 새기기 | **사무엘상 7:12**
사무엘이 돌을 취하여 미스바와 센 사이에 세워 이르되 여호와께서 여기까지 우리를 도우셨다 하고 그 이름을 에벤에셀이라 하니라 [번역 비교] [유사 말씀]

믿음으로 기도하며

생명의 근원이시며 만물을 다스리시는 하나님 아버지, _____(이)가 이제 백일이 되었습니다.
지금까지 인도해 주신 은혜를 감사드립니다.
_____(이)를 낳게 해주시고 지금까지 키워주신 하나님, 백일이 지나기까지 많은 일들이 있었습니다.
그러나 여기까지 도와주신 에벤에셀의 하나님께 감사와 찬양을 드립니다.

백 배의 결실을 주시는 하나님, 백일이 되기까지 하나

님이 주신 은혜를 헤아려보면 감사할 것뿐입니다.
 하나님의 예정 안에서 _____(이)를 잉태하게 하여 주시고 출산하기까지 잘 자라게 하신 은혜에 감사드립니다. 출산에 대한 염려도 있었지만 기도하게 하시고 고난 중에서도 _____(이)를 무사히 출산하게 하여주심에 감사를 드립니다.

 때로는 힘들고 지칠 때도 있었습니다.
 출산 이후에 고통도 있었습니다. 그러나 회복의 은혜를 주셔서 모든 상처가 아물게 하시고 이전과 같은 몸으로 회복시켜 주신 은혜에 감사를 드립니다.
 밤에도 아기를 돌보느라 저와 남편이 심히 피곤한 적도 있었지만 새 힘을 주셔서 모든 일들을 잘 감당하게 해주심에 감사합니다.
 _____에게 잘 먹일 수 있도록 풍성한 모유(분유)를 주셔서 감사합니다. 잘 먹여주시고 소화도 잘되게 해주시고 잘 자라게 해주심을 감사드립니다. 앞으로도 아기의 앞날에 복을 내려주옵소서.
 예수님의 이름으로 기도드립니다. 아멘.

사랑으로 선포하기

　　　　　　(아)야, 너의 백일을 축하한다. 할머니, 할아버지께서도 기뻐하시고 모든 친척과 이웃도 너의 백일을 축하한다. 하나님께서 　　　　　　(이)를 세상에 보내주셨고 오늘까지 자라게 도와주시고 인도해 주심에 감사를 드리자. 앞으로의 앞날에 하나님께서 주시는 더 크신 은총이 　　　　　　(이)에게 있기를 축복한다. 사랑한다.

기도에 힘이 되는 말씀 의지하기

창세기 | 48:15
그가 요셉을 위하여 축복하여 이르되 내 조부 아브라함과 아버지 이삭이 섬기던 하나님 나의 출생으로부터 지금까지 나를 기르신 하나님

신명기 | 4:32
네가 있기 전 하나님이 사람을 세상에 창조하신 날부터 지금까지 지나간 날을 상고하여 보라 하늘 이 끝에서 저 끝까지 이런 큰 일이 있었느냐 이런 일을 들은 적이 있었느냐

시편 | 75:1
하나님이여 우리가 주께 감사하고 감사함은 주의 이름이 가까움이라 사람들이 주의 기이한 일들을 전파하나이다

읽고 생각하기 | 4
아기를 위협하는 위험한 요소들

아기가 걷기 시작하면서 많은 물건들에 호기심을 갖게 됩니다. 그러다보면 이런저런 사고들이 많이 생기곤 합니다. 그런데 아이들에게 일어나는 안전사고의 60%는 가정에서 일어난다고 합니다. 부모는 아기에게 위험한 요소가 무엇인지를 살펴보고 보호해야 합니다. 다음은 가정에서 아기들에게 일어나기 쉬운 사고의 유형들입니다.

이물질이 기도로 넘어가는 사고 - 아이들은 무엇이든지 입으로 가져가서 맛을 보고 확인하려고 하는 습관이 있습니다. 동전이나 사탕 등 입에 들어가기 쉬운 물건들을 아기 주변에 두지 말아야 합니다. 땅콩, 사탕, 풍선 등 기도를 막을 수 있는 것을 주는 일도 피해야 합니다. 아기들이 울 때 또는 걷거나 달리고 있을 때는 음식물을 주지 않는 것이 좋습니다. 혹시라도 음식물이 기도에 걸리게 될 때를 위해 복부에 압박을 가하여 음식물을 빼내는 하임리히법을 배워두는 것도 필요합니다.

손가락이 문에 끼는 사고 - 아기들은 걷고 뛰기 시작하면서 넘어지지 않으려고 벽이나 서랍장과 같은 곳을 손으로 잡곤 합니다. 손으로 방문 틈이나 옷장, 벽장, 서랍장 틈을 잡고 있다가 문이 닫혀서 크게 부상을 당하는 경우가 많습니다. 심지어는 손가락이 절단되는 사고를 당하기도 합니다. 매우 조심해야 합니다. 아이들의 손가락이 끼는 것을 방지하는 장치들을 해 두어야 합니다. 그런 장치들은 마트에서도 쉽게 구입할 수 있습니다.

콘센트에 감전되는 사고 - 호기심이 왕성한 아이들은 아무데나 보이는 곳에 손가락 등을 넣어 보고 싶어합니다. 간혹 젓가락으로 콘센트를 찔러보기도 하는데 이런 경우 자칫 전기에 감전되어 생명을 잃을 수도 있습니다. 이런 장난을 하면 호되게 야단을 쳐서 다시는 하지 못하게 해야 합니다. 또 사고 예방을 위해 콘센트의 덮개를 닫아두는 것도 필요합니다.

이외에도 화상을 입는 사고, 텔레비전이나 무거운 물건이 떨어져서 다치는 사고, 화병이나 유리가 깨져서 상처를 입는 사고, 볼펜이나 뾰족한 물건을 가지고 놀다가 일어나는 사고, 바닥에 미끄러져서 일어나는 사고 등 수없이 많은 사고들이 아이들의 안전을 위협하고 있습니다. 부모는 주변을 꼼꼼히 살펴서 이러한 사고가 일어나지 않도록 방비해야 합니다.

또 하나님이 지켜주시지 않으면 건축자의 수고가 헛되며 파숫꾼의 경성함이 허사라고 했습니다(시 127:1). 이러한 사고가 일어나지 않도록 하나님께서 지켜주시기를 기도해야 합니다.

22. 온유한 인격과 아름다운 마음을 갖게 하소서

말씀 새기기 | 창세기 21:8
아이가 자라매 젖을 떼고 이삭이 젖을 떼는 날에 아브라함이 큰 잔치를 베풀었더라

믿음으로 기도하며

 사랑이 많으신 하나님 아버지, _____(이)가 탈없이 잘자라게 해주심을 감사드립니다.
 저희 가정에 _____(이)를 선물로 주시고 주님의 은혜 안에서 건강하게 자라게 하심을 감사드립니다.
 아브라함의 아들 이삭이 자라서 젖을 떼는 날에 큰 잔치를 배설하고 감사를 드렸던 것과 같이 _____(이)의 모든 삶이 늘 감사의 삶이 되게 하소서.
 또한 아이가 자라면서 더욱더 믿음으로 자라게 하여 주옵소서.

예수님께서 자라시면서 그 모친 마리아와 요셉에게 순종하심과 같이 부모에게 순종하며 온유한 인격과 아름다운 마음을 가진 아이로 자라게 하여 주옵소서.

사무엘이 젖을 뗀 후에 하나님께 드려진 바가 되어 사명을 따라 성소에서 하나님을 섬기며 살았음을 기억합니다. 삼손이 자라나면서 나실인으로 부르심을 받은 사명을 가지고 살았던 것을 기억합니다.

_____(이)가 자라면서 하나님과 사람들에게 사랑받게 하여 주옵소서.

장성하여서도 주님의 뜻을 따라 살게 하여 주시고, 주신 사명을 잘 감당하는 _____(이)가 되게 하여 주옵소서. 무슨 일을 하든지 하나님의 영광을 위하여 사는 아이가 되게 하여 주옵소서.

부모로서 아이를 위한 사명을 깊이 깨닫게 하옵소서. 아이를 위하여 미래의 계획을 잘 세우게 하시고 하나님 나라의 영광을 위하여 존귀한 사람으로 양육하도록 도와주옵소서.

예수님의 이름으로 기도드립니다. 아멘.

사랑으로 선포하기

_____(아)야. 우리는 늘 너로 인해 행복하고 감사하단다. 지금까지 인도하신 하나님의 은총이 (이)의 앞날에 더욱 풍성하기를 축복한다. 건강하거라. 아름다운 사람이 되거라. 하나님 나라의 큰 일꾼이 되거라. 세계 모든 민족 위에 뛰어난 사람이 되거라. 하나님의 영광을 높이 드러내는 사람이 되거라.

기도에 힘이 되는 말씀 의지하기

출애굽기 | 2:10
그 아기가 자라매 바로의 딸에게로 데려가니 그가 그의 아들이 되니라 그가 그의 이름을 모세라 하여 이르되 이는 내가 그를 물에서 건져내었음이라 하였더라

사사기 | 13:24
그 여인이 아들을 낳으매 그의 이름을 삼손이라 하니라 그 아이가 자라매 여호와께서 그에게 복을 주시더니

사무엘상 | 1:24
젖을 뗀 후에 그를 데리고 올라갈새 수소 세 마리와 밀가루 한 에바와 포도주 한 가죽부대를 가지고 실로 여호와의 집에 나아갔는데 아이가 어리더라

23. 장수하게 하시며 생명을 다하기까지 지켜주옵소서

말씀 새기기 | 이사야 46:4
너희가 노년에 이르기까지 내가 그리하겠고 백발이 되기까지 내가 너희를 품을 것이라 내가 지었은즉 내가 업을 것이요 내가 품고 구하여 내리라

믿음으로 기도하며

인생의 길을 인도하시는 존귀하신 하나님,
_____(이)의 앞날에 복을 내려 주옵소서. 평탄하게 하옵소서. 하나님 나라의 일꾼이 되게 하여 주옵소서. 자신에게 주신 생명을 다하게 하시며 백발이 되기까지 품어 주옵소서.

태중에서부터 안으시고 품에 품어주신 하나님,
사는 날 동안 _____(이)와 함께하여 주옵소서.
"여호와를 경외하면 장수하느니라"(욥 10:27) 하셨사오니 일평생 여호와를 경외하게 하시며 주님을 섬기는 자녀가 되게 하옵소서.

 주의 법을 잊어버리지 말게 하시고 마음을 다하여 하나님의 명령을 지키게 하옵소서.

 그리하여 _____(이)로 하여금 장수하게 하시며 많은 해를 누리게 하옵소서. 살아가는 동안 하나님이 주시는 기쁨을 얻게 하시고 평안을 누리게 하옵소서.

 모세가 120세를 살아가는 동안 눈이 흐려지지 않고 기력이 쇠하지 않았던 것과 같이 _____(이)가 이 세상을 살아가는 동안 건강하게 하여 주옵소서.

 주님 앞에 서는 그 날까지 건강하게 살게 하옵소서.

 일생 동안 자신에게 주어진 일에 최선을 다하게 하시며 하나님이 원하시는 뜻에 따라 살아가게 하옵소서.

 하나님의 백성을 잘 다스리기 위해서 지혜를 구했던 솔로몬에게 부와 재물과 존영과 장수를 함께 주셨던 하나님, _____(이)에게도 부와 존영과 재물과 장수의 복을 주옵소서.

 예수님의 이름으로 기도드립니다. 아멘.

사랑으로 선포하기

이제 세상을 새롭게 출발하는 _____(아)야, 하나님이 기뻐하시는 뜻대로 살거라. 마음을 다하여 하나님이 주시는 말씀과 명령을 지키거라. 그리하여 하나님이 주시는 부와 존영과 재물과 장수의 복을 누리거라. 하나님이 _____(이)에게 주신 모든 것을 누리게 되기를 축복하노라.

기도에 힘이 되는 말씀 의지하기

시편 | 34:11-13
너희 자녀들아 와서 내 말을 들으라 내가 여호와를 경외하는 법을 너희에게 가르치리로다 생명을 사모하고 연수를 사랑하여 복 받기를 원하는 사람이 누구뇨 네 혀를 악에서 금하며 네 입술을 거짓말에서 금할지어다

잠언 | 3:1-2
내 아들아 나의 법을 잊어버리지 말고 네 마음으로 나의 명령을 지키라 그리하면 그것이 네가 장수하여 많은 해를 누리게 하며 평강을 더하게 하리라

이사야 | 41:10
두려워하지 말라 내가 너와 함께함이라 놀라지 말라 나는 네 하나님이 됨이라 내가 너를 굳세게 하리라 참으로 너를 도와주리라 참으로 나의 의로운 오른손으로 너를 붙들리라

24. 사명을 다하게 해주옵소서

말씀 새기기 | 디모데후서 4:7-8
나는 선한 싸움을 싸우고 나의 달려갈 길을 마치고 믿음을 지켰으니 이제 후로는 나를 위하여 의의 면류관이 예비되었으므로 주 곧 의로우신 재판장이 그 날에 내게 주실 것이며 내게만 아니라 주의 나타나심을 사모하는 모든 자에게도니라

믿음으로 기도하며

 엿새 동안 창조의 일을 하시고 이레 되는 날에 쉬신 하나님, 게으르지 않고 부지런한 것을 원하심을 아나이다. _____(이)가 부지런하게 하여 주시고 나태하지 않게 하여 주옵소서.

 지금도 역사하시며 일하시는 하나님께서 우리에게도 엿새 동안은 열심히 일하고 이레 되는 날에 쉬라고 하셨사오니 _____(이)가 주신 사명에 따라서 열심히 살아가는 아이가 되게 하옵소서.

장차 배움의 기회를 주실 때에 열심히 공부하게 하시고, 이후에 주실 기업에서도 열심을 다하여 최선을 다하는 사람이 되게 하옵소서.

무슨 일이든지 최선을 다하는 아이가 되게 하옵소서.

추수 때의 얼음 냉수와 같이 하나님의 마음을 시원하게 하는 _____(이)가 되게 하여 주옵소서.

선한 일을 행하고 선한 사업을 많이 하고 나누어주기를 좋아하며 너그러운 자(딤전 6:18)가 되게 하여 주옵소서.

사도 바울이 그의 생애의 마지막에 고백했던 것과 같이 달려갈 길을 다하게 하시고 믿음을 지킨 후에 약속하신 생명의 면류관을 받게 하여 주옵소서.

경주하는 자가 최후에 상 받기를 바라고 열심히 달리는 것과 같이 주님이 주시는 상을 바라보며 자신의 일에 최선을 다하는 사람이 되게 하여 주옵소서.

모든 일에 최선을 다해 하나님이 예비하신 의의 면류관을 받게 하여 주옵소서.

예수님의 이름으로 기도드립니다. 아멘.

사랑으로 선포하기

_____(야)아. 모든 일에 열심을 다하고 최선을 다하는 사람이 되거라. 주님이 예비하신 상을 바라보며 달려갈 길을 달려가거라. 근면한 사람이 되거라. 너의 경영하는 일에 풍부함이 이를 것이다. 네가 하는 일마다 하나님의 은혜가 함께하기를 축복한다.

기도에 힘이 되는 말씀 의지하기

출애굽기 | 18:23
네가 만일 이 일을 하고 하나님께서도 네게 허락하시면 네가 이 일을 감당하고 이 모든 백성도 자기 곳으로 평안히 가리라

잠언 | 21:5
부지런한 자의 경영은 풍부함에 이를 것이나 조급한 자는 궁핍함에 이를 따름이니라

에베소서 | 3:7
이 복음을 위하여 그의 능력이 역사하시는 대로 내게 주신 하나님의 은혜의 선물을 따라 내가 일꾼이 되었노라

25. 신체가 잘 발달하고 조화 있게 자라게 하옵소서

말씀 새기기 | 잠언 8:22-23
여호와께서 그 조화의 시작 곧 태초에 일하시기 전에 나를 가지셨으며 만세 전부터, 태초부터, 땅이 생기기 전부터 내가 세움을 받았나니

믿음으로 기도하며

 천지와 우주를 조화롭게 창조하신 하나님 아버지, ＿＿＿＿＿＿(이)의 신체를 지으시되 오묘하고 신비하게 조화를 이루게 하심을 찬양합니다.

 전능하신 하나님, 하나님의 크심을 사람이 어찌 다 알 수 있겠습니까? 집마다 지은 이가 있듯이 만물을 지으신 분이 하나님이시오매 하나님의 영원하신 능력과 위대하심을 지으신 만물을 보아 알게 됩니다.
 엿새 동안 천지를 지으시고 그 모든 것들이 질서를 따

라 운행되며 조화를 이루어가게 하심을 생각할 때마다 하나님의 능력과 권능에 영광과 찬송을 드립니다.

 인간이 우주의 신비를 다 깨닫지 못하듯이 하나님이 만드신 신체를 다 알 수가 없음을 고백합니다.
 _____(이)의 모든 신체가 조화를 잘 이루게 하여 주옵소서.
 영아기는 아기들의 눈과 손과 발이 하나가 되어 조화를 이루어가는 시기라고 합니다. 머리에서부터 조화를 이루기 시작하여 발에까지 이르게 된다고 합니다.
 모든 신체가 서로 조화를 잘 이루게 하여 주옵소서.
 머리와 눈과 귀의 기능이 조화롭게 하옵소서.

 머리를 중심으로 신체가 조화를 이루어가듯 하나님과 이웃과의 관계에서도 조화를 이루게 하옵소서. 주님께서 _____(이)의 머리가 되어 그 인생을 주관해 주시고 인도해 주옵소서. 인간관계에서도 서로 사랑하며 협력하는 _____(이)가 되게 하여 주옵소서.
 예수님의 이름으로 기도드립니다. 아멘.

사랑으로 선포하기

_____(아)야, 영육간에 성장하는 너의 모습을 보며 참 감사함을 느낀단다. 처음에는 모든 것이 힘들었어도 차츰 차츰 발전하였듯이 _____(이)의 앞날에도 점점 더 밝고 좋은 미래가 펼쳐질 것이다. 너의 모든 지체가 연합하여 한 몸을 만들어 가듯이 우리 가족도 주의 사랑으로 하나 된 가정이 되자. 머리에서 온몸에 신경이 퍼져나가듯이 주님을 너의 머리 삼고 말씀에 순종하고 살아가거라. 존귀한 사람이 되거라.

기도에 힘이 되는 말씀 의지하기 |

신명기 | 11:14
여호와께서 너희의 땅에 이른 비, 늦은 비를 적당한 때에 내리시리니 너희가 곡식과 포도주와 기름을 얻을 것이요 [번역 비교] [유사 말씀]

고린도전서 | 14:33
하나님은 무질서의 하나님이 아니시요 오직 화평의 하나님이시니라…

고린도전서 | 14:40
모든 것을 품위 있게 하고 질서 있게 하라

26. 신체의 기능적인 분화가 잘 되게 하옵소서

말씀 새기기 | 고린도전서 12:12
몸은 하나인데 많은 지체가 있고 몸의 지체가 많으나 한 몸임과 같이 그리스도도 그러하니라

믿음으로 기도하며

교회의 머리 되신 주님,

_____(이)의 몸의 각 부분이 완전한 역할을 할 수 있게 도와주옵소서. 처음에는 마음대로 움직이지 못하였습니다. 이제 완전히 독립된 인격체로 살아가기 위해서 자유롭게 움직이고 의지에 따라서 활동할 수 있는 신체의 능력이 필요한 줄을 주님이 아십니다.

_____(이)의 몸의 모든 부분들이 완전한 능력을 발휘할 수 있게 하여 주옵소서.

때로는 어느 부분이 다른 아이들보다 더딘 것 같아 염려되기도 합니다. 그러나 개인적인 차이가 있으며 조금 늦게 발달되는 부분도 있음을 압니다. 전능하신 하나님께서 지켜주시고 건강한 신체를 주옵소서.

 주님은 교회의 머리시요 교회는 주님의 몸이라고 하신 말씀을 기억합니다. _____(이)가 하나님이 주신 재능을 따라, 이 땅에 하나님 나라가 임하며 그 뜻이 이루어지는 일에 협력하는 지체가 되게 하여 주옵소서. 하나님의 영광을 위해 귀하게 사용되는 _____(이)가 되게 하여 주옵소서.
 몸이 서로 협력하여 영광스러운 몸을 이루는 것같이 사회 생활을 함에 있어 다른 아이들과 협동도 잘하는 아이가 되게 하여 주옵소서.
 자신의 것만을 고집하거나 주장하지 않게 하시고 다른 사람들과 더불어 살아가는 _____(이)로 자라게 하옵소서. 하나님 나라의 귀한 일꾼이 되게 하여 주옵소서.
 예수님의 이름으로 기도드립니다. 아멘.

사랑으로 선포하기

_____(아)야, 하나님이 많이 키워주셨구나! 잡는 것도 잘하고, 혼자 일어서기도 하고, 걷기도 잘하게 되었구나. 건강하게 자라거라. 지능도 발달하고, 눈과 귀도 밝고, 손도 섬세하고, 발로 걷기도 잘하는 건강하고 섬세한 _____(이)가 되거라.

세상은 혼자사는 것이 아니란다. 너의 각 지체가 협력하듯이 _____(이)도 머리 되신 주님께 순종하고 지체들과 서로 협력하여 하나님의 뜻을 이뤄드리는 _____(이)가 되거라.

기도에 힘이 되는 말씀 의지하기

고린도전서 | 12:27
너희는 그리스도의 몸이요 지체의 각 부분이라

에베소서 | 4:16
그에게서 온몸이 각 마디를 통하여 도움을 받음으로 연결되고 결합되어 각 지체의 분량대로 역사하여 그 몸을 자라게 하며 사랑 안에서 스스로 세우느니라

골로새서 | 2:19
...온몸이 머리로 말미암아 마디와 힘줄로 공급함을 얻고 연합하여 하나님이 자라게 하심으로 자라느니라

27. 지능이 잘 발달하게 하옵소서

말씀 새기기 | 다니엘 1:20
왕이 그들에게 모든 일을 묻는 중에 그 지혜와 총명이 온 나라 박수와 술객보다 십 배나 나은 줄을 아니라

믿음으로 기도하며

 알지 못하는 것이 없으시며 지혜와 지식에 뛰어나신 하나님 아버지, _____(이)의 지능이 잘 발달하게 하여 주옵소서.
 하나님의 깊은 뜻을 통찰하고 세상의 이치와 학문을 깨쳐가기 위해서는 뛰어난 지능이 필요합니다.
 하나님의 신이 _____(이)와 함께해 주셔서 지혜와 총명과 지식으로 충만하게 하여 주옵소서. 모든 것을 이해하고 분석하는 능력이 뛰어나게 해주옵소서.

 깨닫고 배운 것을 오래도록 잘 기억하고 활용하기 위

해서는 높은 기억력도 필요합니다. 탁월한 기억력을 주옵소서. 두뇌를 주시고 명철함을 주시는 하나님 아버지, 하나님의 형상대로 지음 받은 _____(이)오니 전능하신 하나님의 기운으로 총명하게 하여 주옵소서.

하나님을 경외하고 말씀에 순종하는 자에게 뛰어난 지능을 주시는 주님,
다니엘과 사드락과 메삭과 아벳느고가 자신을 더럽히지 않으려고 우상의 제물로 바쳐졌던 음식을 거절하고 물과 채소를 선택해 결국 바벨론의 다른 청년들보다 더 나은 건강과 열 배 뛰어난 지능을 받게 되었던 것과 같이 경건한 자녀인 _____(이)도 세속에 물들지 않고 자신을 지켜 구별되게 살아가게 하여 주옵소서.

지혜롭고 총명하게 하여 주옵소서.
다른 사람보다 열 배 뛰어난 지능을 주셔서 하나님 나라의 큰 일꾼이 되게 하여 주시고, 세상에서도 존귀한 사람으로 살아가게 하여 주옵소서.
예수님의 이름으로 기도드립니다. 아멘.

사랑으로 선포하기

_____(아), 지혜로운 사람이 되거라.
_____(이)는 경건한 하나님의 자녀이다.
하나님을 경외하고 순종하며 거룩한 사람으로 살아라. 다니엘과 세 청년에게 다른 사람들의 열 배의 지능을 주셨던 것같이 _____(이)에게도 다른 사람보다 열 배 뛰어난 지능을 주시기를 축복하노라.

기도에 힘이 되는 말씀 의지하기

출애굽기 | 35:31
하나님의 영을 그에게 충만하게 하여 지혜와 총명과 지식으로 여러 가지 일을 하게 하시되

욥기 | 32:8-9
그러나 사람의 속에는 영이 있고 전능자의 숨결이 사람에게 깨달음을 주시나니 어른이라고 지혜롭거나 노인이라고 정의를 깨닫는 것이 아니니라

잠언 | 3:5
너는 마음을 다하여 여호와를 신뢰하고 네 명철을 의지하지 말라

28. 섬세하고 능력 있는 손이 되게 하옵소서

말씀 새기기 | 시편 144:1
나의 반석이신 여호와를 찬송하리로다 그가 내 손을 가르쳐 싸우게 하시며 손가락을 가르쳐 전쟁하게 하시는도다 [번역 비교] [유사 말씀]

믿음으로 기도하며

 우주와 그 가운데 있는 해와 달과 별들과 온 하늘을 만드신 하나님, 주님이 만드신 땅에서 당신의 자녀들이 살게 하시고 인생들로 하여금 하나님이 만들어 주신 손으로 일하게 하심을 찬양합니다.
 사랑이 많으신 하나님 아버지, _____(이)의 손을 만들어 주셨사오니 섬세하고 능력 있는 손이 되게 하여 주옵소서.
 주님의 능력의 손으로 _____(이)의 손을 붙잡아 주셔서 그 손으로 하나님의 영광을 나타내게 하옵소서.

제자들의 손에 권능을 주셔서 그들이 손을 얹고 기도할 때 병자들이 치료함을 받고 하나님을 찬양했던 일들을 기억합니다. 모세의 손을 들어 큰 일을 행하게 하신 하나님, 그가 손을 높이 들었을 때 백성들로 전쟁에서 승리를 얻게 하셨고, 또 홍해를 건널 수 있게 하셨던 것같이 _____(이)의 손에도 능력을 주옵소서.

 주님이 주신 손으로 주님을 위하여 일하게 하시되 혹은 병자를 치료할 수 있는 손이 되게 하시고, 혹은 솔로몬의 손과 같이 가난하고 억울한 사람들을 변호하며 바른 판결을 해주는 손이 되게 하옵소서.
 혹은 악기로 주님을 찬양하며 많은 사람들에게 감동을 주었던 다윗의 손과 같이 악기로 하나님께 영광을 돌리며 사람들에게 감동과 기쁨을 주는 손이 되게 하옵소서.
 무슨 일을 하든지 _____(이)의 손을 붙드시고 능력을 주셔서 하나님의 영광을 위해서 사용되는 손이 되게 하옵소서.
 예수님의 이름으로 기도드립니다. 아멘.

사랑으로 선포하기

_____(아)야, 너의 곱고 아름다운 손을 만드신 하나님을 찬양하노라. 너의 손에 하나님의 능력이 있기를 원한다. 하나님의 영광을 나타내는 섬세한 손이 되거라. 바울과 모세의 손, 베드로와 요한의 손, 모세와 솔로몬의 손, 그리고 다윗의 손과 같이 귀하고 크게 쓰임 받는 손이 되거라.

기도에 힘이 되는 말씀 의지하기

시편 | 8:3
주의 손가락으로 만드신 주의 하늘과 주께서 베풀어 두신 달과 별들을 내가 보오니

시편 | 89:13
주의 팔에 능력이 있사오며 주의 손은 강하고 주의 오른손은 높이 들리우셨나이다

시편 | 141:2
나의 기도가 주의 앞에 분향함과 같이 되며 나의 손 드는 것이 저녁 제사같이 되게 하소서

읽고 생각하기 | 5

하나님이 주신 자연식, 모유

  건강에 관심이 많은 현대인들은 유기농 식품, 자연 식품, 건강 식품 등 좋은 음식을 먹기 위해서 많은 노력을 기울입니다. 아기에게도 최고의 음식을 먹이고 싶은 것이 엄마의 마음입니다. 모유는 하나님이 아기에게 주신 최고의 건강식입니다.

  엄마의 뱃속에서 무균 상태로 있던 아기는 출생과 동시에 많은 세균과 접하게 됩니다. 이러한 세균들과의 싸움은 아기의 면역 담당 기관을 자극하여 면역 물질의 생산을 촉진함으로써 질병의 발생을 억제하는 면역능력이 생기게 합니다.
  아기가 스스로 질병을 억제할 수 있는 충분한 면역기능이 형성되기 전까지는 엄마가 가지고 있던 면역기능을 사용하게 되는데 적어도 생후 9~12개월까지는 엄마의 면역항체의 도움을 받아야 합니다. 엄마의 면역항체는 모유 수유를 통해서 받게 됩니다. 모유를 먹이는 것은 면역학적인 관점에서 볼 때 아기의 건강을 지키는 기본이 된다고 말할 수 있습니다.
  이처럼 모유 수유는 아기의 영양과 건강에 있어 대단히 중요합니다. 따라서 엄마의 젖을 먹을 수 있는 아기의 권리가 엄마의 몸매 관리나 직장 생활 등의 인위적인 이유에 의해서 차단되어서는 안 됩니다.

　모유가 잘 나오도록 기도해야 합니다. 그리고 젖이 잘 나올 수 있도록 노력해야 합니다. 아기를 출산한 뒤 바로 젖이 잘 나오는 경우도 간혹 있지만 대부분 처음에는 젖이 잘 나오지 않습니다. 젖이 잘 나오지 않는다는 이유로 아기에게 젖 빨리는 것을 포기하고 먹이기 쉬운 분유를 주게 되는데, 모유 수유에 실패하는 대부분의 원인이 여기에 있습니다.

　젖이 나오지 않더라도 아기에게 꾸준히 젖을 빨려야 합니다. 처음에는 잘 나오지 않지만 아기가 먹을 만큼의 양은 됩니다. 나중에는 유선이 터지고 아기가 먹기에 충분한 정도의 양(量)의 젖이 나오게 됩니다. 젖이 잘 나오게 하기 위해서 아빠도 함께 노력해야 합니다. 간절한 기도와 함께 따뜻한 수건으로 마사지를 해주기도 하고 빨아주기도 하는 등 노력을 하여야 합니다.

　하나님은 우리가 모든 일에 기도와 간구로 구할 것을 아뢰며 하나님을 의지하는 기도의 사람이 되기를 원하십니다.

29. 정도를 걷는 발이 되게 하여 주옵소서

말씀 새기기 | 시편 18:32-34
이 하나님이 힘으로 내게 띠 띠우시며 내 길을 완전하게 하시며 나의 발을 암사슴 발 같게 하시며 나를 나의 높은 곳에 세우시며 내 손을 가르쳐 싸우게 하시니 내 팔이 놋 활을 당기도다

믿음으로 기도하며

 지극히 높으신 하나님 아버지, 이 세상을 다스리시되 자신의 뜻대로 누구에게든지 그것을 주시며, 또 지극히 천한 자라 할지라도 높이 세우심을 믿습니다.
 _____(이)에게 발을 주시고 걷게 하심을 감사드립니다. 누구와 함께 걷느냐에 따라서 인생의 결과가 달라짐을 압니다.
 하나님과 일생을 동행하였던 에녹은 죽음을 보지 않고 옮겨졌습니다. 이는 하나님과 함께하는 삶이 영생

인 것을 보여주시는 말씀인 줄 압니다.
 자비하신 하나님, _____(이)가 사는 날 동안 동행하여 주옵소서.

 아이의 걸음이 복되게 하여 주옵소서.
 혹시 넘어질지라도 붙들어 주옵소서.
 '대저 의인은 일곱 번 넘어질지라도 다시 일어나리라'(잠 24:16)고 하셨사오니 _____(이)가 실패를 두려워하지 않고 담대히 나아가게 하옵소서.

 여호수아를 부르셔서 마음을 강하게 하고 담대히 하라고 하신 주님, _____(이)의 가는 길에 하나님이 함께하심을 깨닫게 하셔서 담대히 걸어가게 하옵소서.
 하나님을 의지하고 그 말씀에 순종하며 살았던 다윗처럼 말씀에 순종하는 삶을 살게 하시며 담대히 걸어가게 하옵소서.
 _____(이)의 발로 암사슴 발 같게 하사 높은 곳에 세워 주옵소서.
 예수님의 이름으로 기도드립니다. 아멘.

사랑으로 인도하기

_____(아)야, 하나님이 너에게 발을 주셨으니 평생 하나님과 함께 걸어가거라. 하나님이 너의 길에 빛이 되어주시고 인도해 주실 것이다. 혹시 넘어지는 일이 있다 할지라도 주저앉아 있지 말고 담대히 일어서서 힘차게 걸어가거라. _____(이)가 가는 걸음에 하나님의 축복이 있으리라.

기도에 힘이 되는 말씀 의지하기

욥기 | 23:10
그러나 내가 가는 길을 그가 아시나니 그가 나를 단련하신 후에는 내가 순금같이 되어 나오리라

시편 | 37:23-25
여호와께서 사람의 걸음을 정하시고 그의 길을 기뻐하시나니 그는 넘어지나 아주 엎드러지지 아니함은 여호와께서 그의 손으로 붙드심이로다 내가 어려서부터 늙기까지 의인이 버림을 당하거나 그의 자손이 걸식함을 보지 못하였도다

마가복음 | 12:36
다윗이 성령에 감동되어 친히 말하되 주께서 내 주께 이르시되 내가 네 원수를 네 발 아래에 둘 때까지 내 우편에 앉았으라 하셨도다 하였느니라

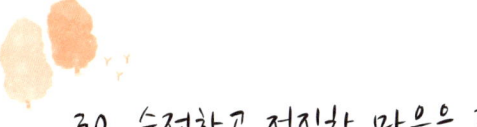
30. 순전하고 정직한 마음을 주옵소서

말씀 새기기 | 에스겔 11:19-20
내가 그들에게 한 마음을 주고 그 속에 새 영을 주며 그 몸에서 돌 같은 마음을 제거하고 살처럼 부드러운 마음을 주어 내 율례를 따르며 내 규례를 지켜 행하게 하리니 그들은 내 백성이 되고 나는 그들의 하나님이 되리라

믿음으로 기도하며

 사람의 마음을 살피시는 주님, _____(이)의 마음이 하나님을 향하게 하옵소서. 주만 바라보는 마음을 주옵소서. 연한 순과 같게 하시고 하나님께 대하여 예민하게 하옵소서.

 '마음에 간사함이 없고 여호와께 정죄를 당하지 아니하는 자는 복이 있다'(시 32:2)고 하셨사오니 순전하고 정직한 마음을 주옵소서.
 '하나님이 우리에게 주신 것은 두려워하는 마음이 아

니요 오직 능력과 사랑과 절제하는 마음이니' (딤후 1:7) 깨끗하고 순결한 마음을 갖게 하옵소서.

'악인은 쫓아오는 자가 없어도 도망하나 의인은 사자 같이 담대하다' (잠 28:1)고 하셨사오니 정직하여 담대한 마음을 갖게 하옵소서.

주님의 마음을 닮게 하옵소서.
본래 하나님의 본체이시지만 하나님과 동등하게 생각하지 않으시고, 오히려 자신의 모든 특권을 버리시고 종의 모습으로 사람들과 같이 되어 자기를 낮추시고 십자가에 달려 죽기까지 순종하셨던 예수님과 같이(빌 2:6), _____(이)가 주님 앞에서 겸손하게 자신을 낮추고 하나님이 요구하시는 명령에 복종하게 하여 주옵소서.

겸손히 순종하는 마음으로 살아가기 원하는 _____(이)를 존귀하게 하여 주옵소서.
예수님의 이름으로 기도드립니다. 아멘.

사랑으로 권도하기

_____(아)야, 겸손하고 온유한 사람이 되거라. 하나님은 중심을 보시느니라. 하나님의 음성에 귀를 기울이고 마음을 하나님께 두거라. 너의 걸음을 인도하시리라. 정결한 마음을 가지거라. 사자같이 담대하리라. 죽기까지 순종하신 예수님의 마음을 본받거라. 하늘과 땅의 권세를 주시리라.

기도에 힘이 되는 말씀 의지하기

잠언 | 15:13
마음의 즐거움은 얼굴을 빛나게 하여도 마음의 근심은 심령을 상하게 하느니라

잠언 | 28:1
악인은 쫓아오는 자가 없어도 도망하나 의인은 사자같이 담대하니라

빌립보서 | 2:5-7
너희 안에 이 마음을 품으라 곧 그리스도 예수의 마음이니 그는 근본 하나님의 본체시나 하나님과 동등됨을 취할 것으로 여기지 아니하시고 오히려 자기를 비워 종의 형체를 가지사 사람들과 같이 되셨고

31. 빛과 색으로 배우게 하옵소서

말씀 새기기 | **호세아 6:3**
그러므로 우리가 여호와를 알자 힘써 여호와를 알자 그의 나타나심은 새벽 빛같이 어김없나니 비와 같이, 땅을 적시는 늦은 비와 같이 우리에게 임하시리라 하니라

믿음으로 기도하며

빛과 진리이신 주님,

_____(이)에게 배울 수 있는 기회를 주심을 감사합니다. 모든 부모들이 자신의 아기를 잘 키우기를 원합니다. 아기들의 지각을 통해서 지능을 개발하고 재능을 살리기 위해서 노력을 합니다.

빛과 색과 소리를 통한 시각적인 자극은 아기들의 두뇌활동을 활발하게 만들어 지능 개발에 도움이 된다고 합니다. _____(이)도 오감 사용을 통해서 지능과 능력을 개발하게 하여 주옵소서.

빛과 색을 지으신 하나님, _____(이)가 여러 가지 색을 봄으로 인해 필요한 재능들이 발달하게 도와주옵소서.

하늘에 일곱 색깔의 무지개를 두시고 언약하신 하나님, _____(이)가 빛과 색의 훈련을 통해서 하나님의 신실하심을 깨닫게 하옵소서. 빛과 어두움을 통해서 선과 악을 알게 하시고, 빛으로 오신 주님과 어두움의 세력을 구별할 수 있게 하옵소서.

주의 성소에서 청색, 자색, 홍색, 백색, 금색 등 아름다운 색의 베실들로 하나님을 섬기게 하신 하나님,

각 색을 통한 자극으로 지능이 발달하게 하시고 하나님을 섬김에 예민한 _____(이)가 되게 해주옵소서.

예수님의 구속의 은혜를 뜻하는 청색을 보면서 구속의 은혜를 알게 하옵소서. 왕 되신 예수님을 의미하는 자색을 보면서 주님을 왕으로 모시고 사는 _____(이)가 되게 하옵소서. 순결한 삶을 의미하는 백색을 보면서 성결한 삶을 살게 하옵소서.

예수님의 이름으로 기도드립니다. 아멘.

사랑으로 선포하기

_____(아)야, 엄마가 달아준 모빌이 맘에 드니? 눈으로 보고, 귀로 듣고, 촉감으로 느끼는 것들이 너의 지능 발달과 인지 능력 개발에 도움이 될 것이다.
 하나님이 세상의 모든 색을 만드셨단다. 그리고 색으로 약속도 하셨지. 그것이 바로 일곱 색깔 무지개란다.
 하나님이 만드신 이 세상의 아름다운 색들처럼 아름답고 예쁜 마음을 가진 _____(이)가 되거라.

기도에 힘이 되는 말씀 의지하기

출애굽기 | 28:6-8
그들이 금 실과 청색 자색 홍색 실과 가늘게 꼰 베 실로 정교하게 짜서 에봇을 짓되 그것에 어깨받이 둘을 달아 그 두 끝을 이어지게 하고 에봇 위에 매는 띠는 에봇 짜는 법으로 금 실과 청색 자색 홍색 실과 가늘게 꼰 베 실로 에봇에 정교하게 붙여 짤지며

사무엘하 | 23:4
그는 돋는 해의 아침 빛 같고 구름 없는 아침 같고 비 내린 후의 광선으로 땅에서 움이 돋는 새 풀 같으니라 하시도다

요한계시록 | 14:2
내가 하늘에서 나는 소리를 들으니 많은 물 소리와도 같고 큰 우렛소리와도 같은데 내가 들은 소리는 거문고 타는 자들이 그 거문고를 타는 것 같더라

32. 시력과 청력이 잘 발달하게 하옵소서

말씀 새기기 | 신명기 34:7
모세가 죽을 때 나이 백이십 세였으나 그의 눈이 흐리지 아니하였고 기력이 쇠하지 아니하였더라

믿음으로 기도하며

 사람의 눈과 귀를 만드신 하나님, _____(이)에게 아름다운 눈과 귀를 만들어 주심을 감사합니다.
 이제 아기의 시력과 청력이 발달할 때입니다.
 _____(이)에게 잘 들을 수 있는 청력과 잘 볼 수 있는 시력을 주옵소서.

 모세의 일평생에 눈이 흐려지지 아니하고 기력이 쇠하지 않게 하셨던 하나님, _____(이)가 일생을 살아가는 동안 눈이 흐려지지 않게 하시고 귀가 어두워지지 않게 하여 주옵소서. 선하고 좋은 것만 보고 들을 수 있도록 인도해 주옵소서. 악하고 죄악 된 것은 보지 않게 하시고 듣지 않게 하여 주옵소서.

보고 들은 대로 성품이 형성되오니 좋은 것만 보고 들음으로 영의 눈이 밝아지게 하시고 영의 귀가 밝아지게 하여 주옵소서.

소리를 통해서 의미를 전달하게 하시는 주님, 하나님의 음성을 들을 수 있는 영의 귀를 열어주옵소서.

하나님의 심판 경고를 들었던 노아와 같이 경계의 소리를 듣게 하옵소서. 하늘에서 들려오는 천군천사들의 찬양의 소리를 들었던 요한과 같이 천상의 찬양을 듣게 하옵소서.

부르심을 듣고 귀하게 쓰임 받았던 바울과 모세와 같이 주의 부르심을 듣게 하옵소서.

영으로 살아가는 아이가 되게 하옵소서.

예수님의 이름으로 기도드립니다. 아멘.

사랑으로 인도하기

_____(아)야, 사람들은 눈을 마음의 창이라고 부른단다. 아름다운 것만 보거라. 좋은 소리만 듣거라. 너의 마음이 곱고 아름다워질 것이다. 하나님의 소리에 귀를 기울이거라. 하나님만 바라보거라. 네 길의 빛이 되어주시고 네 발의 인도자가 되어주실 것이다.

기도에 힘이 되는 말씀 의지하기

창세기 | 13:14-15
롯이 아브람을 떠난 후에 여호와께서 아브람에게 이르시되 너는 눈을 들어 너 있는 곳에서 북쪽과 남쪽 그리고 동쪽과 서쪽을 바라보라 보이는 땅을 내가 너와 네 자손에게 주리니 영원히 이르리라

시편 | 101:3
나는 비루한 것을 내 눈 앞에 두지 아니할 것이요 배도자들의 행위를 미워하니 이것이 내게 붙잡지 아니하리이다

누가복음 | 11:34
네 몸의 등불은 눈이라 네 눈이 성하면 온몸이 밝을 것이요 만일 나쁘면 네 몸도 어두우리라

33. 치아가 건강하게 자라게 해주옵소서

말씀 새기기 | 사도행전 2:46-47
날마다 마음을 같이하여 성전에 모이기를 힘쓰고 집에서 떡을 떼며 기쁨과 순전한 마음으로 음식을 먹고 하나님을 찬미하며 또 온 백성에게 칭송을 받으니 주께서 구원 받는 사람을 날마다 더하게 하시니라

믿음으로 기도하며

모든 육체에 식물을 주시고 먹을 수 있는 은혜를 주신 하나님 아버지, _____(이)에게 치아를 주셔서 감사합니다. 치아가 건강하게 하여 주옵소서.

이제 이가 하나둘씩 나기 시작했습니다.
무엇이든지 손으로 잡은 것은 입으로 가져가 맛을 보고 물어보려고 합니다. 일생 동안 먹고 살아가는 데 꼭 필요한 치아입니다. 건강하게 하여 주옵소서.

때로는 우식증(밤에 우유나 모유를 물고 자서 앞니가 썩는 현상)으로 고생하는 아기들을 봅니다.

이가 썩지 않도록 지켜주옵소서.

이가 고르게 나게 하여 주옵소서. 각각의 이가 제 자리를 찾아 나도록 인도해 주옵소서. 혹시라도 잘못 나서 교정을 하는 일이 없게 해주옵소서.

_____(이)가 주신 이로 잘 먹게 하여 주시고 건강하게 자라게 하여 주옵소서.

먹든지 마시든지 다 하나님의 영광을 위하여 하라고 하셨사오니 잘 먹고 건강하여 하나님의 영광을 위해 쓰임 받게 하여 주옵소서.

초대교회 성도들이 성전에 모여 음식을 먹으며 기쁨으로 하나님을 찬양하였던 것과 같이 주의 백성들과 함께 교제하게 하시고 음식을 나누어 먹음으로 주의 일에 힘써 동역하는 _____(이)가 되게 하여 주옵소서.

예수님의 이름으로 기도드립니다. 아멘.

사랑으로 선포하기

하나님이 _____(이)에게 예쁜 이를 주셨구나. 날마다 새로운 이를 주시는 하나님께 감사드리자.
사람들은 이가 건강한 것을 복이라고 말한단다. 치아가 건강해야 음식도 잘 먹을 수 있고 온몸이 건강해질 수 있기 때문이지. 건강하고 고른 치아를 가진 _____(이)로 자라거라.

기도에 힘이 되는 말씀 의지하기

아가 | 4:2
네 이는 목욕장에서 나오는 털 깎인 암양 곧 새끼 없는 것은 하나도 없이 각각 쌍태를 낳은 양 같구나

사도행전 | 11:7
또 들으니 소리 있어 내게 이르되 베드로야 일어나 잡아 먹으라 하거늘

고린도전서 | 10:31
그런즉 너희가 먹든지 마시든지 무엇을 하든지 다 하나님의 영광을 위하여 하라

34. 배변훈련도 잘 할 수 있게 하옵소서

말씀 새기기 | 빌립보서 3:8
또한 모든 것을 해로 여김은 내 주 그리스도 예수를 아는 지식이 가장 고상하기 때문이라 내가 그를 위하여 모든 것을 잃어버리고 배설물로 여김은 그리스도를 얻고

믿음으로 기도하며

 자비로우신 하나님! _____(이)가 잘 먹고 배설도 잘하게 하여 주시니 감사합니다. 배설을 잘하게 하심이 하나님의 은혜임을 고백합니다.
 식물을 주신 것도 하나님의 은혜요, 잘 씹어 삼키게 하심도 하나님의 은혜요, 삼킨 음식이 소화되게 하심도 하나님의 은혜요, 소화시킨 영양분이 온몸에 흡수되게 하심도 하나님의 은혜요, 흡수된 음식물의 찌꺼기가 배출되게 하심도 하나님의 은혜입니다.

아기가 건강할 때는 이 모든 하나님의 은혜를 잘 깨닫지 못했습니다.

그러나 아기가 배탈이 나서 고생할 때, 평소에 깨닫지 못했던 이 모든 것들이 하나님의 은혜였음을 깨닫게 됩니다. 하나님의 도우심이 아니고서는 작은 것 하나 온전할 수 없는 연약한 존재임을 고백합니다.

_____(이)가 배변훈련을 할 때가 되었습니다.
적절한 배변훈련이 성격 형성에도 중요하다고 합니다. 배변훈련을 잘할 수 있도록 도와주옵소서.
혹여 아이가 스트레스를 받지 않게 하여 주옵소서. 배변은 일찍부터 가려야 한다는 강박관념으로 아이를 힘들게 하는 어리석은 부모가 되지 않게 하여 주옵소서.

음식물을 먹어 영양분을 섭취하고 소화를 잘 시켜 육신의 건강을 얻는 것과 같이 _____(이)가 세상을 살아가면서 어떤 환경에서도 감사를 찾게 하시고 주님이 주신 삶 속에서 은혜의 영양분을 섭취하게 해주옵소서.
예수님의 이름으로 기도드립니다. 아멘.

사랑으로 선포하기

_____(아)야, 갓난아기 때는 엄마가 기저귀를 갈아주었지만 이제는 네가 스스로 응아를 해야 할 때가 되었구나. _____(아)야, 응아 때문에 고민하지 말거라. 아주 편하고 좋은 것이란다. _____(이)의 장이 튼튼하고, 장 운동도 활발해서 배변도 편하게 잘 보기를 축복한다.

기도에 힘이 되는 말씀 의지하기

신명기 | 23:13
네 기구에 작은 삽을 더하여 밖에 나가서 대변을 볼 때에 그것으로 땅을 팔 것이요 몸을 돌려 그 배설물을 덮을지니

전도서 | 2:24
사람이 먹고 마시며 수고하는 것보다 그의 마음을 더 기쁘게 하는 것은 없나니 내가 이것도 본즉 하나님의 손에서 나오는 것이로다

디모데전서 | 4:4
하나님께서 지으신 모든 것이 선하매 감사함으로 받으면 버릴 것이 없나니

35. 그리스도의 영성으로 자라게 하옵소서

말씀 새기기 | 베드로전서 2:9
그러나 너희는 택하신 족속이요 왕 같은 제사장들이요 거룩한 나라요 그의 소유가 된 백성이니 이는 너희를 어두운 데서 불러 내어 그의 기이한 빛에 들어가게 하신 이의 아름다운 덕을 선포하게 하려 하심이라

믿음으로 기도하며

 젖먹이와 어린아이의 입으로 찬양하게 하시고 영광 받으시기를 원하시는 주님, 어린 양으로 이 세상에 오사 구원하여주신 은혜에 감사와 찬양을 드립니다.
 '마땅히 행할 것을 어려서 가르치라 늙어서도 지키리라' 고 하셨사오니 어려서부터 예수님의 사랑 안에서 사는 것을 배워 예수님의 영성을 닮은 _____ (이)로 자라게 하여 주옵소서.
 자신의 이기적인 욕심을 내세우지 않게 하여주시고

하나님의 뜻을 따라 살게 하여 주옵소서.

 모든 사람을 위해서 희생의 어린 양이 되신 예수님의 영성을 닮게 하여 주옵소서.
 보내신 하나님의 뜻을 따라 십자가에서 죽기까지 복종하신 주님의 모습을 닮아가게 하옵소서.
 천국 복음을 선포하시고 많은 사람들을 가르치셨던 예수님같이 하나님의 나라를 세우기 위해 힘쓰며 살아가는 _____(이)가 되게 하여 주옵소서.

 힘들고 어려운 이웃을 외면하지 않게 하시고 도와주는 영성을 주옵소서. 세상에서 빛과 소금의 역할을 감당하는 영성을 주옵소서.

 선한 목자가 되신 예수님, 모든 권세를 가진 왕이시지만 그릇 행하는 백성을 위해 기꺼이 대신 죽으신 예수님의 사랑을 닮은 영성을 주옵소서.
 많은 영혼을 살리신 예수님의 영성을 닮게 하옵소서.
 예수님의 이름으로 기도드립니다. 아멘.

사랑으로 선포하기

_____(아)야, 예수님의 영성을 닮은 하나님의 사람이 되거라. 죽어가는 영혼을 살리며, 하나님의 나라를 선포하는 영성을 가지거라. 이웃을 네 자신과 같이 사랑하고 도와주는 영성을 가지거라. 자신의 고집과 욕심을 따르는 것이 아니라 자신을 버리고 하나님의 뜻에 온전히 순종하는 영성의 사람으로 자라거라.

기도에 힘이 되는 말씀 의지하기

마태복음 | 21:10-11
예수께서 예루살렘에 들어가시니 온 성이 소동하여 이르되 이는 누구냐 하거늘 무리가 이르되 갈릴리 나사렛에서 나온 선지자 예수라 하니라

디모데전서 | 6:15
기약이 이르면 하나님이 그의 나타나심을 보이시리니 하나님은 복되시고 유일하신 주권자이시며 만왕의 왕이시며 만주의 주시요

히브리서 | 7:20,24-25
또 예수께서 제사장이 되신 것은 맹세 없이 된 것이 아니니...예수는 영원히 계시므로 그 제사장 직분도 갈리지 아니하느니라 그러므로 자기를 힘입어 하나님께 나아가는 자들을 온전히 구원하실 수 있으니 이는 그가 항상 살아 계셔서 그들을 위하여 간구하심이라

읽고 생각하기 | 6

건강한 치아 (우식증의 원인과 예방)

  옛날부터 치아가 건강한 것을 오복 중에 하나라고 여겼습니다. 아기의 건강에 있어 치아의 건강은 매우 중요합니다. 치아가 건강하지 않으면 음식물을 잘 씹을 수가 없게 되기 때문입니다. 이처럼 아기의 치아 건강은 온몸의 건강과도 직결되므로 아기의 치아 관리에 대해서 알아보고 건강한 치아를 주시기를 위해서 기도하는 것이 필요합니다.

  일반적으로 생후 6~8개월 사이에 아래 앞니 2개가 나고, 8~9개월 사이에 위 앞니 2개와 아래 앞니 2개가 더 나게 됩니다. 10개월이 되면 위 앞니 4개, 아래 앞니 2개가 더 나고, 12~15개월에는 위 앞니 4개, 아래 앞니 4개, 그리고 18~24개월에는 위아래 송곳니가 납니다. 마지막으로 20개월 이후에는 어금니가 자라기 시작하여 늦어도 34개월까지 젖니 20개가 모두 나오게 됩니다.

  영아기인 0~24개월 사이에는 충치 예방과 더불어 우식증에 걸리지 않도록 주의하는 것이 필요합니다. 우식증은 이가 썩는 것을 말합니다. 특히 앞니가 잘 썩습니다. 우식증은 젖을 먹이는 시기에 발생하게 되는데 주로 밤에 젖이나 우유를 물리고 자는 경우 우식증에 걸릴 확률이 높습니다. 입 안에 남아 있는 모유나 우유가 입 안의 세균과 상호작용하여 치아 조직을 손상시키고 파괴하게 되는 것입니다.

영구치가 나오니까 유치는 괜찮겠지 하는 생각으로 유치 관리에 소홀히 해서는 안 됩니다. 유치 관리를 잘못하면 영구치가 나오는 뿌리까지 영향을 받아 성인이 되어서도 고생을 하게 됩니다. 유치부터 관리를 잘하는 것이 하나님이 주신 치아를 건강하게 유지하는 것의 시작입니다.

치아가 나기 시작하면서부터 2세 전까지의 올바른 수유 습관도 중요합니다. 수유를 하고 나서는 반드시 아기의 입 안을 닦아주어야 합니다. 특히 늦은 밤에는 수유를 피하고 보리차를 대신 먹이는 것이 좋습니다. 혹시 밤중에 수유를 하였다면 수유를 하고 나서 아기의 입 안을 깨끗이 닦아주어야 합니다. 거즈를 물로 빨아서 입 안을 깨끗이 닦아주거나 치약 없는 맨 칫솔로 닦아주면 됩니다.

또 한 가지, 건강한 치아 관리를 위해 노리개 젖꼭지를 오래도록 물리는 일은 피해야 합니다. 노리개 젖꼭지를 오래 물고 있으면 턱 발달에 방해가 되어서 얼굴 골격에까지 영향을 줄 수 있다고 합니다.

아기의 치아 건강을 위해서 부모는 할 수 있는 모든 것을 해야 합니다. 그리고 건강한 치아를 주시도록 기도해야 합니다. 아기에게 치아를 주신 하나님께서 치아의 건강도 지켜주십니다.

36. 성령님, 아기와 함께하여 주옵소서

말씀 새기기 | 베드로후서 1:21
예언은 언제든지 사람의 뜻으로 낸 것이 아니요 오직 성령의 감동하심을 받은 사람들이 하나님께 받아 말한 것임이라 [번역 비교] [유사 말씀]

믿음으로 기도하며

 기쁨의 근원이신 하나님, _____(이)에게 감사와 기쁨이 넘치게 하여 주옵소서.
 성령님께서 _____(이)와 함께하여 주옵소서. 성령님이 주시는 평안함으로 자라게 하여 주옵소서.
 주님이 주시는 즐거움이 아기의 심령에 가득하게 하여 주옵소서. 마음의 즐거움은 얼굴을 빛나게 한다고 하셨사오니 온유와 화평이 넘치게 하시고 밝고 맑은 얼굴이 되게 하여 주옵소서.
 _____(이)에게 성령의 감동을 주시어 주의 뜻

을 분별하게 하시고 하나님과 교통하게 하여주옵소서.

 사도 요한이 성령에 감동되어 천국의 비밀한 것을 보게 되었던 것같이 하늘의 깊은 뜻을 깨달아 알게 하옵소서.
 베드로가 성령에 감동되어 예수 그리스도를 주라고 고백할 수 있었던 것같이 _____(이)가 어려서부터 예수님이 누구이신지 알게 하셔서 하나님의 사랑에 감사하는 삶을 살아갈 수 있도록 인도하여 주옵소서.

 성령에 감동된 제자들이 예수님의 뒤를 따랐던 것과 같이 _____(이)에게도 감동을 주셔서 예수님을 따라 살게 하시고 시대를 분별할 줄 아는 지혜로운 아이가 되게 하여 주옵소서.
 성령의 감동을 입은 사람들의 입을 통해 말씀을 선포하게 하시고 예언하게 하셨던 것처럼 _____(이)에게 성령의 감동을 주셔서 그 입에서 나오는 말들로 많은 사람에게 감동과 은혜를 끼칠 수 있게 하옵소서.
 예수님의 이름으로 기도드립니다. 아멘.

사랑으로 권로하기

_____(아)야, 성령님께서 너와 함께하실 것이다. 늘 성령님과 교통하여 하나님의 뜻이 무엇인지 잘 분별하는 _____(이)가 되거라.

사도 요한과 베드로를 비롯한 많은 하나님의 사람들이 성령에 감동되어 하나님의 거룩한 일들을 감당했던 것처럼 _____(이)도 성령님과 항상 동행하여 크게 쓰임받기를 축복한다.

기도에 힘이 되는 말씀 의지하기

마가복음 | 12:36
다윗이 성령에 감동되어 친히 말하되 주께서 내 주께 이르시되 내가 네 원수를 네 발 아래에 둘 때까지 내 우편에 앉았으라 하셨도다 하였느니라

요한계시록 | 1:10
주의 날에 내가 성령에 감동되어 내 뒤에서 나는 나팔 소리 같은 큰 음성을 들으니

요한계시록 | 4:2
내가 곧 성령에 감동되었더니 보라 하늘에 보좌를 베풀었고 그 보좌 위에 앉으신 이가 있는데

37. 하늘 문을 여시고 천사들이 왕래하게 하옵소서

말씀 새기기 | 창세기 28:12
꿈에 본즉 사닥다리가 땅 위에 서 있는데 그 꼭대기가 하늘에 닿았고 또 본즉 하나님의 사자들이 그 위에서 오르락내리락 하고

믿음으로 기도하며

하나님을 보필하는 영들로 천사를 지으신 하나님! _____(이)에게 천사들을 보내주셔서 감사합니다. 모든 천사들은 부리는 영으로서 구원 얻을 후사들을 위하여 섬기라고 보내셨다고 하셨사오니 _____(이)에게 천사들을 보내셔서 지켜주시고 영광 중에 천사들과 함께 하나님을 찬양하게 하옵소서.

하나님의 보좌를 두르고 하나님을 찬양하는 천사들과 같이 하나님의 영광을 찬양하는 _____(이)가 되게 하옵소서.
 야곱이 가는 걸음마다 홀로 두지 않으시고 천사들을 보내어 함께하셨던 하나님,
 _____(이)가 혼자 있을 때에도 혼자 있게 마시고 천사들을 보내사 외롭지 않게 하옵소서.

 한 밤에 양을 지키던 목자들에게 천사를 보내시고 두려워 떨던 그들에게 큰 기쁨의 좋은 소식을 전해주셨던 주님, 오늘날도 _____(이)에게 하나님이 주시는 기쁨의 좋은 소식들을 들려주옵소서.

 부지중에 천사를 대접한 이들처럼 손님 대접하기를 즐거워하는 아이가 되게 하여 주옵소서.
 _____(이)가 있는 그 곳의 하늘 문을 여시고 하나님의 사자들이 오르내리며 하나님을 찬양하게 하옵소서.
 예수님의 이름으로 기도드립니다. 아멘.

사랑으로 선포하기

 천사는 하나님을 보필하는 영이다. _____(이)를 지키라고 보내주신 천사들이 있단다. 천사들의 소리를 들어보거라. 하늘 문이 열리고 그 위를 오르내리는 천사들의 모습을 보거라. _____(이)가 가는 곳마다 함께하며 지켜주라고 보내주신 영들이다. 감사하거라. 담대하거라. 천군천사와 함께 하나님을 찬양하거라. 사랑한다.

기도에 힘이 되는 말씀 의지하기

열왕기상 | 6:27
솔로몬이 내소 가운데에 그룹을 두었으니 그룹들의 날개가 퍼져 있는데 이쪽 그룹의 날개는 이쪽 벽에 닿았고 저쪽 그룹의 날개는 저쪽 벽에 닿았으며 두 날개는 성전의 중앙에서 서로 닿았더라

누가복음 | 2:10
천사가 이르되 무서워하지 말라 보라 내가 온 백성에게 미칠 큰 기쁨의 좋은 소식을 너희에게 전하노라

요한복음 | 1:51
또 이르시되 진실로 진실로 너희에게 이르노니 하늘이 열리고 하나님의 사자들이 인자 위에 오르락 내리락 하는 것을 보리라 하시니라

히브리서 | 1:14
모든 천사들은 섬기는 영으로서 구원 받을 상속자들을 위하여 섬기라고 보내심이 아니냐

38. 악한 세력이 넘보지 못하게 보호하옵소서

말씀 새기기 | 베드로전서 5:8
근신하라 깨어라 너희 대적 마귀가 우는 사자같이 두루 다니며 삼킬 자를 찾나니

믿음으로 기도하며

사단의 권세를 이기신 주님!
주님의 은혜에 감사와 찬양을 드립니다.
_____(이)의 영혼을 구원하시고 하나님의 자녀 삼으셨음을 감사드립니다.

너무나 연약합니다. 악한 세력들이 틈타지 못하게 지켜주옵소서. 시험에 들지 않게 하여 주옵소서. 악에서 구원하여 주옵소서.

마귀가 주님의 사랑을 시기하지 못하게 하여 주옵소서. 마귀의 머리를 깨뜨리신 주님, 우리의 왕이심을 고백합니다.

마귀의 속삭임에 귀를 기울이지 않게 하옵소서.
첫 사람 아담과 하와를 유혹하였던 마귀는 오늘날에도 구원받은 하나님의 자녀들을 미혹하려고 합니다.
사단의 세력에서 지켜주셔서 주님의 사랑 안에 거하게 하옵소서.

_____(이)는 빛의 자녀입니다.
어두움에 다니지 않고 빛으로 행하게 하옵소서.
사단의 세력을 대적하게 하시고 승리하게 하옵소서.

주님의 능력은 한없이 크시오니 연약한 _____(이)를 주님의 크신 손으로 붙잡아 주옵소서.
악에서 구하여 주옵소서.
예수님의 이름으로 기도드립니다. 아멘.

사랑으로 선포하기

_____(아)야, 너는 하나님이 사랑하시는 자녀이다. 악한 세력이 왔다가도 주님과 함께 있는 _____(이)를 보고 무서워 도망할 것이다. 한 길로 왔다가도 일곱 길로 도망할 것이다. 너의 가는 걸음마다 너를 지켜 주실 것이다.

기도에 힘이 되는 말씀 의지하기

야고보서 | 4:7
그런즉 너희는 하나님께 복종할지어다 마귀를 대적하라 그리하면 너희를 피하리라

요한계시록 | 20:2-3
용을 잡으니 곧 옛 뱀이요 마귀요 사탄이라 잡아서 천 년 동안 결박하여 무저갱에 던져 넣어 잠그고...

요한계시록 | 20:10
또 그들을 미혹하는 마귀가 불과 유황 못에 던져지니 거기는 그 짐승과 거짓 선지자도 있어 세세토록 밤낮 괴로움을 받으리라

39. 신앙의 모범을 보이게 하옵소서

말씀 새기기 | **사도행전 10:1-2**
가이사랴에 고넬료라 하는 사람이 있으니 이달리야 부대라 하는 군대의 백부장이라 그가 경건하여 온 집안과 더불어 하나님을 경외하며 백성을 많이 구제하고 하나님께 항상 기도하더니

믿음으로 기도하며

'마땅히 행할 것을 어린아이에게 가르치라 그리하면 늙어서도 지키리라' 고 하신 주님,
_____(이)를 신앙으로 양육하게 하옵소서.
믿음의 사람이 되도록 인도하여 주옵소서.
모든 것을 보고 배우는 시기입니다.

부모로서 하나님을 섬기는 모범을 보이게 하옵소서.
아브라함이 그 아들 이삭에게 신앙의 본을 보였던 것 같이 믿음으로 살아가는 모습을 _____(이)가 보고 배울 수 있도록 인도하여 주옵소서.

하나님은 저희 가정의 주인이십니다.
저희 가정이 예수만 섬기는 가정이 되기를 원합니다.
매일의 상번제를 드렸던 제사장들과 같이 가정예배를 드릴 수 있는 가정이 되게 하여 주옵소서.
예배를 통해서 하나님의 말씀을 배우기 원합니다.
가정에서 예배를 드림으로써 _____(이)가 예배의 삶을 배우게 하여 주옵소서.

고넬료가 경건하여 온 집으로 더불어 하나님을 경외하며 많이 구제하고 항상 기도하며 살았던 것과 같이 저희 온 가족들이 하나님을 경외하고 어려운 이웃을 도우며 살게 하여 주옵소서.

하나님께 쉬지 않고 기도하는 가정이 되게 하옵소서.
예수님의 이름으로 기도드립니다. 아멘.

사랑으로 선포하기

_____(아)야, 우리 가정은 예수님을 섬기는 가정이란다. 세상을 살아갈 때 하나님을 경외하며 믿음으로 사는 것이 정말 중요하단다. _____(아)야, 엄마 아빠는 _____(이)가 믿음의 사람이 되기를 바란다. 엄마 아빠가 주일이면 교회에 가서 예배드리고 기도하고 봉사하는 모습이 아름답지? _____(이)도 그렇게 살거라.

기도에 힘이 되는 말씀 의지하기

여호수아 | 1:8
이 율법책을 네 입에서 떠나지 말게 하며 주야로 그것을 묵상하여 그 안에 기록된 대로 다 지켜 행하라 그리하면 네 길이 평탄하게 될 것이며 네가 형통하리라

사사기 | 13:8
마노아가 여호와께 기도하여 이르되 주여 구하옵나니 주께서 보내셨던 하나님의 사람을 우리에게 다시 오게 하사 우리가 그 낳을 아이에게 어떻게 행할지를 우리에게 가르치게 하소서 하니

잠언 | 22:6
마땅히 행할 길을 아이에게 가르치라 그리하면 늙어도 그것을 떠나지 아니하리라

40. 아기 _____(이)를 주님께 맡깁니다

말씀 새기기 | 예레미야 17:8
그는 물가에 심어진 나무가 그 뿌리를 강변에 뻗치고 더위가 올지라도 두려워하지 아니하며 그 잎이 청청하며 가무는 해에도 걱정이 없고 결실이 그치지 아니함 같으리라

믿음으로 기도하며

 알파와 오메가가 되시며 처음과 나중이 되시는 하나님 아버지, _____(이)를 태어나게 하시고 지금까지 지켜주심을 감사드립니다.
 지난 날들을 돌이켜 보면 기도와 신앙으로 아기를 키운다고 하면서도 기도하지 못한 일이 많았고 주님이 기뻐하시는 뜻대로 양육하지 못했던 것이 많았습니다. 부족한 저희 부부를 용서해 주옵소서.
 여호와께서 집을 세우지 아니하시면 세우는 자의 수

고가 헛되며, 여호와께서 성을 지키지 아니하시면 파수꾼의 깨어 있음이 헛되다고 하신 말씀이 옳습니다.

_____(이)가 출생함도 주님의 은혜요, 자라남도 주님의 은혜입니다. 앞으로 아기가 자라 스스로 자립하기까지 많은 것들을 배우고 또 여러 어려움들을 이겨나가야 할 줄 압니다.

자비로운 주님, '너희가 염려함으로 키를 한 자나 더할 수 있겠느냐? 너희 염려를 맡기라'고 하신 말씀을 기억합니다.

_____(이)의 모든 삶을 주님이 맡아주옵소서.

많은 질병에서 지켜주옵소서. 악한 세력에서부터 지켜주옵소서.

지혜와 명철함을 주셔서 배움에 앞서게 하여 주옵소서. 하나님을 경외함에 뛰어난 믿음의 아이가 되게 하옵소서. 자라면서 많은 사람들에게 사랑받고 칭찬 듣는 아이가 되게 하여 주옵소서.

_____(이)를 주님께 맡기며 예수님의 이름으로 기도드립니다. 아멘.

사랑으로 선포하기

_____(아)야, 그동안 많이 자랐구나. 너를 키워 주신 하나님께 감사를 드린다. 앞으로도 많이 커야 하고 배워야 할 것들도 많단다. 너를 지으신 하나님께 너를 맡긴다. 하나님께서 붙들어 주실 것이다. 복을 주실 것이다. 네 앞길을 인도해 주실 것이다.
_____(이)의 앞길에 하나님이 부어 주시는 복이 넘치기를 기도한다.

기도에 힘이 되는 말씀 의지하기 |

시편 | 37:5-6
네 길을 여호와께 맡기라 그를 의지하면 그가 이루시고 네 의를 빛같이 나타내시며 네 공의를 정오의 빛같이 하시리로다

시편 | 41:2
여호와께서 그를 지키사 살게 하시리니 그가 이 세상에서 복을 받을 것이라 주여 그를 그 원수들의 뜻에 맡기지 마소서

시편 | 55:22
짐을 여호와께 맡기라 그가 너를 붙드시고 의인의 요동함을 영원히 허락하지 아니하시리로다

사랑하는 자녀를 위한 선포 기도문

이름 :　　　　　　　　　　　년　　　월　　　일